U0964831

零吼叫养出好孩子

［美］哈尔·爱德华·朗克尔（Hal Edward Runkel）◎著
陈玉娥 ◎译

SPM
南方出版传媒
广东人民出版社

图书在版编目（CIP）数据

零吼叫养出好孩子 / (美) 朗克尔著; 陈玉娥译. – 广州 : 广东人民出版社, 2016.5
ISBN978-7-218-10819-3

Ⅰ. ①零… Ⅱ. ①朗… ②陈… Ⅲ.①家庭教育 Ⅳ. ①G78

中国版本图书馆CIP数据核字(2016) 第074697 号

SCREAMFREE PARENTING：The Revolutionary Approach to Raising Your Kids by Keeping Your Cool
Copyright © 2007 by ScreamFree Omnimedia, LLC
All Rights Reserved
Published in the United States by Broadway Books, an imprint of The Crown Publishing Group , a division of Random House, Inc., New York.
This translation published by arrangement with Broadway Books, an imprint of The Crown Publishing Group, a division of Random House, Inc. through Bardon-Chinese Media Agency.
Simplified Chinese edition copyright © 2016 by **Grand China Publishing House**
All rights reserved.

No part of this publication may be used or reproduced in any manner whatever without written permission except in the case of brief quotations embodied in critical articles or reviews.

本书中文简体字版通过 **Grand China Publishing House（中资出版社）**授权广东人民出版社在中国大陆地区出版并独家发行。未经出版者书面许可，本书的任何部分不得以任何方式抄袭、节录或翻印。

LingHouJiao YangChuHaoHaiZi

零吼叫养出好孩子

[美] 哈尔·爱德华·朗克尔 著
陈玉娥 译

版权所有 翻印必究

出 版 人：曾 莹
策　　划：中资海派
执行策划：黄 河 桂 林
责任编辑：肖风华 古海阳 张 静
特约编辑：董莹雪 易 新
装帧设计：张 英
插画设计：Ada
出版发行：广东人民出版社
地　　址：广州市大沙头四马路 10 号（邮政编码：510102）
电　　话：(020) 83798714（总编室）
传　　真：(020) 83780199
网　　址：http：//www.gdpph.com
印　　刷：深圳市彩美印刷有限公司
开　　本：787mm × 1092mm 1/32
印　　张：7.5 **字　　数**：219 千
版　　次：2016 年 5 月第 1 版 2016 年 5 月第 1 次印刷
定　　价：39.80 元

如发现印装质量问题，影响阅读，请与出版社（020-83795749）联系调换。
售书热线：(020) 83790604 83791487 **邮　　购**：(020) 83781421

DEAR CHINESE READERS,

I AM SO THRILLED AND HONORED THAT YOU'VE CHOSEN TO READ MY WORK. TOGETHER, I KNOW WE CAN BRING PEACE TO YOUR HOME.

亲爱的中国读者：

很激动也很荣幸你能够选择阅读《零吼叫养出好孩子》，相信书中的内容将让你的家庭更和睦、更快乐！

哈尔·爱德华·朗克尔

献 词

献给这个世界上我最爱的三个人：

我忠诚美丽的妻子珍妮，感谢你为我做的一切；

还有我亲爱的孩子汉娜和布兰登，

是你们让我领悟了“零吼叫”之道。

学习以一种平和、冷静、真诚互动的方式

与他人沟通；无论对方是谁，

也不论对方如何表现，都能控制好自己的情绪；

学习把注意力转向自身，

照顾好自己以造福世界。

SCREAMFREE PARENTING

作者简介

世界上最懂家庭的人
哈尔·爱德华·朗克尔

曾经，他是“落跑新郎”和“咆哮老爸”

你相信吗，这位大名鼎鼎的“家庭关系专家”，也有过家庭生活一团糟的时候！他与妻子珍妮刚结婚时，因为不知道如何沟通，差点儿闹到离婚的地步；如果你见过他对着三岁的小儿子气急败坏地大吼大叫的场面，估计都不敢相信自己的眼睛！在那段时间，他和他的家人都过得很不开心，家庭氛围一度降到冰点。

痛定思痛，他决定成为“零吼叫生活专家”

幸好，哈尔及时发现了自己身上存在的问题，并下决心改善局面。为此，他特意考取了“婚姻与家庭治疗师”执照，并开始尝试实践他自创的“零吼叫”生活理念。在把注意力转到“自身”之后，他的家庭氛围奇迹般地有了好转。如今，他与珍妮结婚已有 22 年之久，两个孩子也成长为十几岁的青少年，他们的家庭氛围始终和谐幸福。

十几年来，“零吼叫”帮助更多人改善了生活

在意识到“零吼叫”的神奇力量之后，哈尔决心用这个方法帮助更多人。为此，他成立了非营利机构“零吼叫研究院”，担任该机构的董事长和首席前瞻性官，与他的团队一起散播和谐快乐的家庭关系。他多次接受《今日热点》《今日秀》和 NBC 等 1 000 多家媒体的采访和报道，并在许多组织中和集会上发表演讲；他还将“零吼叫”的理念和案例撰写成畅销书《零吼叫养出好孩子》和《女人这样说，男人才会听》，全球上百万家庭因此受益。

“零吼叫”让他事业生活双丰收

如今的哈尔是全球知名的亲子关系 & 婚姻情感专家，他的作品更是得到普遍认可，获得了在美国家庭最有影响力的纳帕奖金奖、权威杂志《前进》年度最佳图书奖、育儿智慧奖、育儿媒体奖等多项大奖；他也成了妻子和孩子心中最值得骄傲的家人，他们一家四口在亚特兰大州北部享受着幸福平静的田园生活。

SCREAMFREE PARENTING

权威推荐

儿童教育专家 畅销书作家　小　巫

《零吼叫养出好孩子》的主旨道出了我的心声：教育的关键不是在孩子身上下功夫，而是父母在自己身上下功夫。把握了这一个基本原则，就能坦然面对并且化解一切困境。

著名阅读推广人　“幸福的绘本馆”创始人　一　夫

2010年3月，我很幸运地遇见了《零吼叫养出好孩子》这本书。6年来，我在广东深圳、惠州，安徽滁州，湖南长沙四个城市带领“家长成长小组”（一种以互助成长为目的的读书会组织），与各地读者共同分享这本书，深深地体会到作者所说的，他写这本书的目的就是“让世界得到平静，从改善你与孩子的关系开始改善所有的关系”。我们开始把焦点放在自己身上，发现自己还有需要完善的地方，并学习让自己走向成熟。

全国最大的幼儿教育综合平台 9ye.com 九叶网创始人　许届雄

我们经常收到来自全国各地父母的咨询，“如何与孩子沟通”是一个经常被提及的焦点问题。其实，父母的成长应该是一个与孩子的成长相伴随的过程，它不仅对孩子有利，更会使整个家庭、整个社会受益。我真诚地向大家推荐《零吼叫养出好孩子》这本书，愿书中的真知灼见能够指导更多家庭走向和谐幸福。

亲子专家　孟　迁

作者很会“说话”，让我获得了难得的阅读快感。更令人高兴的是，它又是那么的“言之有物”。

北广传媒优优宝贝电视频道总裁　栗小农

《零吼叫养出好孩子》主张教养的关键“不在孩子，而在父母”，这是至理箴言。父母不断成为更好的自己，孩子自然就会成长为优秀的孩子，这就是榜样的力量。这本书将教会父母如何控制自己的情绪和鲁莽行为，从而对孩子产生正面、积极的影响。

国内首创心理咨询类儿童文学作品《美丽心灵》作者　于立极

《零吼叫养出好孩子》是一本家长和孩子可以共读的好书，它以真实可信的家庭案例，引导中国家庭了解全新的教育理念，在帮助孩子成长的同时，亦使家长人格得以提升，此书的意义和影响必然是深远的。

北京长松咨询家庭教育研究中心主任　张　健

在家庭教育方面，我一直喜欢给家长强调：当你控制了情绪，你就拥有了教育孩子的智慧。我们教育孩子的目标不是放在孩子的行为改变上，而是应该放在控制情绪、调整自己的行为上，这种教育的结果会让你顿感家庭教育的轻松，因为在这个世界上，我们除了自己之外，谁也改变不了。而《零吼叫养出好孩子》这本书恰恰就指出了家庭教育的关键点“不在孩子，而在父母”，相信对中国的父母来讲，这又是一本值得研读的书。

新浪少儿编辑 记者　教育专家　郑文晋

所有孩子都有让父母抓狂的时刻，一旦你控制不住自己，将负面情绪传给了孩子，你就无法给予孩子正确的指导。让自己平静三分钟，要相信孩子的行为都是有缘由的，只是没有找到合理的出口。育儿先育己，零吼叫，你可以做到！

深圳市教育学会学前教育专业委员会会员
百仕达乐湖幼儿园园长　蓝淑荣

孩子是我们的幸福，也可能是我们的忧伤，养儿育女是一件严肃的事情，教育更多是父母的自我修炼。《零吼叫养出好孩子》是一本智慧的育儿书，作者在探讨“零吼叫”的同时，更多地思考如何尊重、倾听、冷静地面对孩子的“错误”，如何建立亲密和谐的家庭关系，推荐给爸爸妈妈阅读！

《教育孩子的永恒法则》（*Little Things Long Remembered*）作者

苏珊·纽曼（Susan Newman）

多么创新的方法，能帮助我们消除教养过程中的焦虑，能让孩子在自由的空间里茁壮成长。通过《零吼叫养出好孩子》，你将学会如何控制自己，从而更好地教养孩子。你应该读读这本书——它将改变你对教养的观念，引导你如何育儿。

《放飞孩子》（*Flying Boy and Growing Yourself Back Up*）作者

约翰·李（John Lee）

如果有一根魔棒，我会将《零吼叫养出好孩子》散发给全世界的所有父母。

美国著名教养节目 The Bob & Sheri Show 主播

谢尔·林奇 (Sheri Lynch)

哈尔的教养方法能帮我们解决教育子女中遇到的种种困难，带给我们的不仅是平静，还有欢乐。

美国福克斯第五频道（Fox 5）

哈尔是一位备受追捧的嘉宾，他总能够为观众传递有趣又有智慧的信息。

SCREAMFREE PARENTING

目 录

孩子们就是要跟父母对着干！在商场里又哭又闹，不写作业，超过规定的时间才回家，通宵玩游戏，甚至在餐厅里、在众目睽睽之下将盘子丢到地上！当你遇到这些让人暴跳如雷的事时，你该如何应付这一切？

孩子慢慢长大，我害怕的事情也越来越多。我害怕他们交友不慎，害怕他们沾染毒品，害怕他们过早发生性行为，害怕他们考不上好大学，害怕他们人生失败……我该如何保证他们顺利成长啊？

如果孩子可以永远都不犯错，永远都聪明地行事，永远都不必尝到痛苦、受到教训，永远都不会犯下我曾经犯过的错，那有多好啊！……然而，这样天大的好事并不会发生。我该怎么办？

第四篇 从“爱自己”开始 180

我把焦点都放在孩子身上，却觉得自己像门口的擦鞋垫，灰头土脸地为别人效劳，所做的牺牲却没人感激。我真不敢想象，如果我爱我的孩子就跟爱自己一样少，那究竟会变成什么样子？

SCREAMFREE PARENTING

序　言

改善亲子关系，从读这本书开始

我撰写本书的目的很简单：让世界得到平静，从改善你与孩子的关系开始改善所有的关系。

我坚信，将本书中的几项原则贯彻于你的生活中，你将拥有梦寐以求的亲子关系——你的生活将会充满欢乐、和睦、融洽，最重要的是你和孩子能够彼此尊重。平静和美的家庭将不再像你所想的那样遥不可及。

为了让你拥有这样的亲子关系，本书将按照逻辑顺序有步骤地为你介绍“零吼叫教养”的方法。

这些原则乍看起来或许有违惯常的理念，因此，你可能会在浏览目录之后想直接跳到最吸引你眼球的篇章，但是如果你按照顺序逐章阅读，你将从书中获益更多。

本书有四大篇，每一篇含有数个章节。在书中会有专门的“说故事时间”，故事取自和你一样的人的真实生活经历，他们有的是我指导或治疗的客户，有的是我的同事或朋友。

我很荣幸认识这些人并与他们合作，他们是世界上最勇敢的人，他们投入了自己的时间、金钱、精力，学习将焦点放在自己身上，学习维持与他人的关系。

一路伴随他们左右，看到他们在这个过程中彻底改善了与别人的关系，这是上天给我的特别恩赐。

每一个故事都能让你看到“零吼叫教养”的力量。当然，为了保护个人隐私，书中的人名已经被处理过，不过故事全部都是真实的，并且是具有代表性的。

这些故事都是其所在篇章所阐述原则的最佳例证，代表了人生不同阶段的亲子关系。

当然每个人都有自己的故事，但我相信你一定可以从书中找到你自己的故事。

最重要的是，你将从本书找到方法来改善你和孩子的关系，开始享受你所期盼的亲子关系，成为冷静而成熟的一家之主。

欢迎你写电子邮件到 feedback@screamfree.com，

让我知道这本书如何改变你的生活。

我期待你能告诉我你在“零吼叫教养”这条道路上的点点滴滴，你的反馈将鼓舞我继续朝着“让世界得到平静”这个目标前进。

第一篇

孩子需要什么样的父母？

孩子们就是要跟父母对着干！在商场里又哭又闹，不写作业，超过规定的时间才回家，通宵玩游戏，甚至在餐厅里、在众目睽睽之下将盘子丢到地上！当你遇到这些让人暴跳如雷的事时，你该如何应付这一切？

每个孩子都希望自己的父母很“酷”（cool），这不是说他们希望父母拼命追赶潮流（这会让你一点都不“酷”）。与某些流行的理念相反，我们认为最“酷”的父母不会消极地任孩子为所欲为。孩子们想要的酷爸酷妈是能够保持冷静的父母——尤其在场面失控的时候，孩子们希望父母比自己更加冷静而且理性。

事实证明，这正是他们所需要的。

所有的父母都面临着生活中最巨大的挑战——他们尽力想让一家人相互尊重、相互帮助，从而创造出一个充满爱的家庭环境，但是当下的文化却并不倡导承担责任，崇尚的反而是“只要我喜欢，没什么不可以”。虽然过去很多家庭的亲子关系比现在恶劣，我们仍会渴望重返往昔的美好时光。很多父母常常感到自己付出了很多，儿女却不一定领情——难怪他们心中充满了焦虑。我想，他们都需要帮助。

谁能提出令人眼前一亮的愿景，让爸爸妈妈们看到改变现状的希望呢？我们都在寻找这样一个人。

为了培养出“完美小孩”，许多培训课程会给我们传授五花八门的技巧，但是最终证明都行不通。最糟糕的是，我们的心中不断回响着一个声音：为了孩子，就应该牺牲自己，就应该随时待命，孩子们需要什么，就应该马上满足他们什么。

虽然我们还有其他更多的信条，但是事实证明，它们对改变现状毫无帮助。而最后这个完全牺牲自我的声音，实际上只会带来破坏性的结果：它会让父母更觉得自己没用，变得更加沮丧，也更加不知所措。

第1章

教养孩子的关键：父母以身作则

这不是你的问题，是我的。

——乔治·克斯坦萨，《宋飞正传》

你能为孩子做的最伟大的事情，就是学会把焦点放在你自己身上。

也许你不能理解这句话，甚至认为是胡说八道。什么？把焦点从孩子身上转移到我身上？这不是有违常理吗？

事实并非如此。我不是要你忽略孩子，我所说的是，**要改变沟通方式，把焦点放在你自己身上，你和你的家人将会拥有更健康、更和谐的关系。**

大多数人在经营各种人际关系时，都采取了错误的模式——不是说我们的人际关系本身有错，而是模式错了。我们一直认为，要拥有良好的人际关系，就必须将焦点放在满足对方的需要上，不断地付出，让他们感到开心。即使我只是质疑这种模式，或许就会有人想反驳我，但请先听我说完。

本书会讨论为什么这种模式是错误的，尤其是在亲子关系上。现在，请你先想一想以下几个问题。

第一个问题：众所周知，在这个世界上，有我们可以控制的事情，也有我们无法控制的事情。那么，把精力消耗在一件你无能为力和无法控制的事情上，是不是明智之举呢？答案当然是否定的。

第二个问题：你的孩子是你可以控制的，还是你无法控制的？

第三个问题：即使你可以控制你的孩子，这样做对吗？教育孩子就是控制孩子吗？

究竟谁才是真正失控的人

在我的孩子汉娜和布兰登一个四岁、一个两岁的时候，发生了一件事。那是一个寻常的星期六早晨，我和太太珍妮前一晚熬夜到很晚，因而孩子们比我们早起床。可想而知，那个周末一开始就满是唠叨、哭闹和抱怨，孩子们也很不开心。

凭着“亲子专家”的专业才智，我决定带领全家到松饼店吃早餐。我们走进第一家松饼店，发现里面实在太拥挤了，幸好在亚特兰大市区不怕找不到松饼店。我们又全部挤回车上，帮孩子们系好安全带。为了安抚孩子们，我只能向他们保证他们可以吃到很多枫糖浆。就这样开了几百米，我们来到了第二家松饼店，但这家排的队伍跟第一家一样长。

可我们已经没办法再把孩子们塞回车上去找第三家松饼店了，

只能在这里排队。谢天谢地，这家松饼店的服务员很贴心，他们为孩子们准备了蜡笔和白纸，我和太太甚至还可以抽空聊聊天呢。真是两全其美。

更幸运的是，我看到了一则告示：如果孩子们画一幅画，就可以得到一顶松饼店的纸帽，就跟松饼师傅头上戴的一样，还有一份免费松饼。生命真是美好，孩子们画画，我和太太聊天，时间不知不觉就过去了。我们终于入座了，太太和女儿坐在桌子的一侧，我和儿子坐在另一侧。服务员送来了孩子们赢得的纸帽，我也拿了一顶戴在头上。

如果你从未去过松饼店，那么这种店面的装潢风格肯定会让你大开眼界。桌子环绕吧台而设，餐桌旁边是大大的落地窗。由于视野开阔，在这里很容易注意到外面发生的事情。

到目前为止，虽然我觉得一切都很美好，但孩子们却等了一个早上还没有吃到任何东西。孩子们已经饥肠辘辘了，这时还得等待，他们很可能就会不安分了。汉娜已经四岁，还稍微规矩一点，顶多只是抱怨几声；可是布兰登才两岁呢，他的表现当然就是两岁孩子的水平。你明白我的意思了吧？两岁大的孩子，当他被迫上车又下车，得到的只是一再的保证，却没有看到任何可以吃的东西，他是听不进“说话要小声”或“要像个大孩子”这种话的。这个时候你要他合作一点，他可能不会买你的账。跟家人一起享用温馨的早餐，现在看来似乎也不再是那么好的主意了。不过，身为婚姻与家庭执业治疗师，身为人际关系顾问，我知道如何控制自己，不让自己大发雷霆。我可以勉强保持镇定，而不是对着孩子大吼大叫，甚至是挥舞拳头。可是我的儿子竟然把他的叉子丢到了地上！我的忍耐力快到极限了。

叉子掉在地上发出了很大的响声，周围的人都在看着我们，甚至还有人指指点点、交头接耳（至少我感觉他们是这样）。我把目光投向我那完美的太太，她跟我那完美的女儿端坐在对面，无动于衷。在养育数个孩子的父母之间有一条不成文的规定：谁跟你坐在同一边，你就要负责看管谁。所以当我生命中的两个女人正在享受着天伦之乐的时候，我和我的儿子却处于第三次世界大战爆发的边缘。

我做什么都无法让他开心，做什么都不能阻止他乱发脾气。终于，他的松饼送来了，我想这场战争很快就会结束。我开始帮他切松饼，可是他并不想把他的松饼切成块，也许他是想要用手拿着整块吃。我简直快失控了。

不过，我是人际关系顾问，不是吗？我是那个计划要写《零吼叫养出好孩子》的人，我怎么可能被一个两岁的孩子惹火呢？但我真的被他惹火了。他丢把叉子就引起了这么大的反响，所以他想试试如果把所有的东西都丢到地上的话，会发生什么。

最可能发生的事就是，爸爸会失去冷静！

事实的确如此。

我手忙脚乱地向那些被枫糖浆溅到脚的人道歉，然后一把将布兰登从他的高脚椅里拎出来。接着我又向坐在我们后面那一桌

SCREAMFREE
PARENTING

无论在什么情况下，我都不强求孩子们做什么，而是力求成为他们的榜样；其次，在生活中，竭尽全力做好每一件事。

——张炳惠

《好孩子的成长 99% 靠妈妈》

的男子道歉，因为布兰登的脚踢到了他的后脑勺。然后我抱着儿子冲出餐厅，所有的眼睛都盯着我们，我的儿子不停地尖叫，对我拳打脚踢。我整个人都快爆炸了，当我用力推开门，连玻璃都被震得嘎嘎作响，门重重地弹了回去，吸引了所有人的目光。整间餐厅里的人都看着我站在外面的人行道上，对着儿子大吼大叫，满嘴艰涩的词汇，气急败坏、手舞足蹈地威吓一个站在那儿还不到九十厘米高的小男孩。我可真是一个威风凛凛的大男人哪！

当这丢脸的一幕总算结束后，我和布兰登回到座位，打算继续吃完这顿美好的早餐。我亲爱的、忠实的太太珍妮就坐在我的对面，我以为她会说点什么安慰我的话，但看到的只是她忍不住想发笑的表情。当时的我就像一座火山，正想找个借口爆发呢。

"有什么好笑的？"我怒吼。

"不错的帽子。"

直到这时我才意识到那顶纸帽还四平八稳地戴在我的头上呢。整出好戏上演时，主角就是一个拼命想让自己看起来很严肃、结果却很可笑的男人，头上还戴着一顶滑稽的帽子。

父母的行为孩子在看着

说实话，根本不是那顶帽子让我看起来像个蠢蛋，而是气急败坏让我出尽洋相。事实上，当我们面对重要的人际关系时，这种情绪化的反应正是我们的头号敌人。

这本书起码能让你了解到这一点：身为父母的我们需要对抗的最大敌人不是电视，不是不良影响，甚至不是毒品或酒精，而是自己的情绪化反应。也就是说我们可以为孩子做的最伟大的事情，就是学习把焦点放在我们自己身上。与其焦虑地想控制孩子，还不如专注于那些真正可以控制的事——控制自己的情绪。

冲动的反应究竟有多大的杀伤力？请你想想，连我们自己都失控了，还能对孩子产生影响力吗？当我们冲动，我们就会变得举止幼稚。想想我在松饼店的过激反应，为了让我那两岁大的儿子停止幼稚的行为，我自己也变得幼稚了。

提高嗓门斥责孩子，最后的确可以驯服他们，但代价是什么呢？在松饼店里，也许我的吼叫让儿子顺从了，但是如果我继续靠威吓来教育他，那我和他的关系会变成什么样子呢？

如果我们想要对孩子发挥积极的影响力，那就必须先控制好自己，无论孩子表现如何，我们都能正确回应。

如果说情绪化的反应是我们的头号敌人，那它又是从何而来的呢？更重要的是，我们该怎么对付它？大多数人都认为，没有什么比压力过大更令人害怕了。我们可以胆怯、筋疲力尽、担心，或是生气，但是没有什么会像压力过大那样，让我们紧锁心门、停滞不前、放弃努力。当我们觉得无力应付某些事情时，就会觉得压力过大。当我们感觉自己再也撑不下去时，就会想干脆放弃算了。我想不出还有什么词汇能更精确地描述大部分父母的这种感受。很多时候，我们都感觉压力过大。我们感觉自己手足无措、过度付出、无力应对，而且得不到感激，这些都是造成压力过大的原因。结果，多数人都会觉得自己是差劲和失败的父母。

然而，父母的角色是输不起的。**如果有一件事情是只许成功不许失败的，那就是对孩子的教育。**

我们接受的信息都一再强调，要花时间跟孩子相处，要参与孩子的生活，要把家庭摆在第一位。杂志上充斥着新潮的育儿技巧与建议，专家们研究错误教养方式的危害，就连牧师布道也告诫我们要把家庭放在首位。这些来自四面八方的压力，只会让我们感觉更害怕、更无助。还有一股最强的压力就是，我们都知道，这张成绩单将会被时间的洪流检验。我们抚养的是下一代，如果他们不能将上一代的成功与进步延续下去，就会一败涂地。

养儿育女是一件严肃的事情。赌注的代价之大难以想象，失败的惩罚也令人难以承受。我知道你能感受到身为父母的重担，也许还会怀疑天底下是不是只有你一个人会觉得自己无法胜任，很不称职。你也许会想：“真的注定这么艰难吗？”答案是：也对也不对。说“对”，是因为教养子女是艰难的，而且理应如此（这一点我们在后面几章会详细讨论）；说“不对”，是因为我们没有必要给自己这么大的压力。

“对”孩子负责，还是“为”孩子负责？

我们之所以感觉压力如此之大，是因为我们大多数人都相信了这个害人匪浅的谎言——我们要为孩子负责。

我知道质疑这句话似乎有点可笑。“我当然要为我的孩子负责，不然让谁为他们负责呢？”我只能请你先忍耐一会儿，继续读下去。

大多数的人都会这样给教养定义：为人父母的职责就是要让孩子学会思考、学会领悟，尤其是要让他们走上正途。这毋庸置疑，对吗？

错！

在多年的职业生涯里，我看到了错误的教养方式对子女的毁灭性影响。孩子会长成什么样子，父母绝对负有很大的责任。但是，我们高估了自己对于下一代的影响力。

我这么说的意思是，与其说我们要“为”孩子负责，倒不如说我们要“对”孩子负责。我们并不像自己想的那样要“为”孩子负那么多的责任，然而，我们要“对”孩子负的责任远比我们所了解的多得多。

大多数人都认为我们要“为”孩子负责，当然，孩子们刚出生时是完全依赖父母的。可是，你应该明白孩子其实有自己的想法，他们从很小便开始为自己作决定了，这是成长的一部分，或者说这本身就是成长。早在襁褓之中，孩子就已经开始利用与生俱来的能力来决定他们的所作所为，他们早就有了自己的感觉、想法，以及行为表现。孩子们所做的选择就是跟我们要他们做的不一样！这就是我们在教养上感到挫败的原因。他们选择在商场里又哭又闹，他们选择不写作业，他们选择超过规定的时间才回家，他们选择违反约定，他们甚至还选择在餐厅里、在众目睽睽之下把松饼丢到地上！

如果我们要“为”孩子负责，就会产生一个很大的问题。那意味着你必须赶紧想出一个办法来确保他们做出“正确的”选择。你必须学会有用的技巧，让孩子们能够按照你的标准，进行思考、感觉、表现。

这些听起来与驯服动物惊人地相似。难怪你可以在某些教养书籍上看到这样的话：“驯服小狗的方法也同样可以用于教育你的孩子哦！”

如果你要为孩子完全负责，强迫孩子走上所谓的正途，那么采取这种教养方式就不足为奇。这种方式也许会让父母觉得大权在握，但却会让孩子觉得自己渺小又无用。

作为拥有独立人格的人类，我们的孩子拥有与生俱来的选择能力，所以，就算是最棒的驯服技巧都对他们无能为力。孩子们很明白，面对“为”他们完全负责的父母，他们只能是要么为了缓解父母的焦虑，牺牲自己作决定的精神；要么，站起来反抗父母的权威。而父母呢，要么一板一眼地为孩子制订规矩强迫他们服从，要么就是被孩子打败。这是“为孩子负责”的教养模式无法克服的矛盾。

对于大多数孩子来说，只有两种壁垒分明的选择，一种是“能降低父母焦虑的选择”；另一种是“让父母更焦虑的错误选择”，完全没有第三种。在这种情况下，孩子完全不可能学会为自己负责，也无法独立思考、自主选择，因为这样做就等同于反抗。如果你的孩子最后都选择“做正确的事”,那么你培养出来的就是一个机器人，他只是完全按规定行事。可是，如果你的孩子表现出独立思考和自主行动的个性，那么你培养出的很可能就是一个叛逆分子。

零吼叫：懂得尊重孩子，孩子才会尊重他人

肯定会有另外的方法——无须为孩子的生活承担所有的责任，不需要制订严苛的戒律也不需要强迫孩子，就可以对他们的人生产生正面的深远的影响。我把这第三种方法称为“零吼叫教养”，它强调的是专注于安抚我们自己的焦虑。

虽然并不是所有的父母都会对孩子大吼大叫，可是所有的父母都在跟冲动奋战。我们也许会吼叫、使用强制手段，甚至使用暴力，我们也许会疏于照顾他们、忽视他们，甚至不想管他们。这些其实都是情绪化反应的各种表现，是不同形式的吼叫。本书将对所有这些反应进行详细的分析，并且得出结论：要使自己能积极地影响孩子，唯一的方法就是控制好自己。

“我需要的是如何让‘我的孩子’有好的行为表现，而不是‘我’！”你也许会抗议，但如果你继续读完本书的第一篇，你就会发现“零吼叫教养”是为了让你更无私、更成熟、更具备为人父母的能力，具备那种你的孩子真正需要的、来自你的影响力。现在的重点是，你必须在你可以控制的事情上做好掌控，也就是说，

你必须从控制你自身开始。你必须对你的孩子、配偶、家人和朋友负责，而负责的方式就在于如何看待、感受和对待他们。

我希望你能够大声地说出：“我的一言一行都必须对我的孩子负责，不论他们表现如何我都能正确回应！”

同样，焦点还是在你自己身上，因为你唯一可以完全控制的人是你自己。如果你自己行为恰当，就算你的孩子不规矩，你也完全可以让局势朝正确的方向发展，这就是“零吼叫教养”。

在本书中，你会读到一些和你同病相怜的父母们的故事。这些故事有些很平常，比如如何在夜里哄婴儿睡觉；也有很夸张的，比如“妈，我刚刚出事了”这种让人胆战心惊的情节。这些状况会让你感到焦虑，甚至会让你焦虑得怀疑“不知道能不能应付得来”。但是别着急，这本书会帮助你，让你树立崭新的信心，无论你的孩子是幼儿或青少年。要成为“零吼叫父母”，必须有强烈的自主性，无论旁人怎么做，你都能为自己的行为负责。

这难道不正是我们希望孩子做到的吗？**我们希望他们有自主性，能对自己的行为负责。可是，如果我们不以身作则，他们就永远也做不到。**所以说，比起与孩子的关系，这个教养方法与我们自身的关系要大得多。

这就是本书的第一个理念：你能够为你的孩子做的最伟大的事情，就是学习将焦点放在自己身上。第一步，就是摆脱“为孩子负责”的模式。

一旦你把焦点转向你自己，你对自己的了解就会不断地加深，甚至会远远超出你原本了解的。例如你很容易被别人触怒，却总是天真地希望别人“危险勿近”；或你一直努力想教给孩子的是很多人生课题，其实自己都还没学会。把注意力转向自己并不代表自私，只要放开心胸，就会发现自己还有需要完善的地方，而这就是“零吼叫”的价值所在：睁开双眼，让自己走向成熟，同时，你也可以带领孩子让他们变得成熟。

你得把帽子戴好了，因为这将是一条颠簸不平的路。不过话说回来，我们最不需要的就是头上那顶可笑的帽子。

成为“零吼叫”父母要反省的问题

1.“你能为孩子做的最伟大的事情，就是把焦点放在你自己身上。”最初读到这句话时，你的第一反应是什么？

2. 现在你已经读完这一章，你的想法有什么不同吗？

3. 请回想你觉得孩子“不听指挥”的事情。如果你当初能够控制好自己的情绪，会有什么不同的结局吗？

4. 过去，是什么阻碍你将焦点放在自己身上？是害怕变得过于自我？还是害怕发现自己没有想象中那么好？

5. 你认为你对孩子有哪些责任？

第2章

要想孩子听你的，先控制好自己

请不要惹我生气，你不会喜欢我生气的样子。

——布鲁斯·班纳，《绿巨人》

尽管电影《绿巨人》(*Hulk*) 2003 年上映时票房成绩辉煌，但对于这个改编自漫画的角色，我最喜欢的还是 70 年代的电视剧版本。我有一张万圣节的旧照片，上面有一个瘦小的孩子，从头到脚漆成了绿色，那就是我，你可以看得出当时我多么地为绿巨人着迷。

从许多方面来看，绿巨人浩克都是一个反传统的超级英雄。也许布鲁斯·班纳本性温和，不过当他生气时，就没人敢保证这个绿色怪物是不是每次都会举止恰当。他算不上一个正义使者，这是肯定的。漫画迷们也许会认为他是 X 战警的一个原型，永远都面临不幸的变异，又永远渴望能恢复正常。

这部电视剧的剧情之所以如此吸引观众，是因为每个星期我们都会看到这个善良又平和的男人挣扎在两个极端的自我之间。他试图阻止潜藏于自己和善外表下的狂怒怪物现形，却往往徒劳无功。

我们永远都不知道什么事情会触怒这个怪物，可是至少每场戏中他都会变形一次，然后大闹一场。也许让布鲁斯·班纳感到最挫败的是，他并不完全知道浩克会做什么，或已经做了什么，他只知道浩克有能力做什么。

这就是为什么他每次都会伤心至极地说出这句话："请不要惹我生气，你不会喜欢我生气的样子。"

他也不喜欢生气时候的自己。

布鲁斯·班纳无法控制体内那个容易冲动的怪物，他的生理状态总是掌控在别人手上，这就是他必须警告周围的人们的原因。他已经丧失了控制自己的能力，他们才是掌控他的人，而最后通常会导致悲惨的结果。

当你只有七岁时，你可以在万圣节假装自己是绿巨人浩克，那让你显得很可爱。可是当你已经是个成年男人，在公共场合与你的妻儿共进午餐，你还是这么认为的话，那就很可悲了。

最近我看到一个男人带着他的家人在餐馆用餐，他们看起来都像是他的人质一样。他跟妻子和十岁的儿子坐在那里，还有一个坐在高脚椅里的小宝宝。没有人说半句话，那一家人看起来就像一帮哑巴，连目光接触都没有，更别说语言交流了。当妈妈开始喂小宝宝时，我终于知道为什么了。

在喂了几次小宝宝都拒绝张嘴后，爸爸开始对着小宝宝大叫："吃！"没有丝毫的礼貌，完全没有注意到这是一个公共场所，就发出了无礼的咆哮。

SCREAMFREE
PARENTING

如果想要孩子听话，就必须投其所好，用他们的语言沟通交流。

——克瑞丝·卡尔森

《零压力养出 100% 的好孩子》

后来他的大儿子开始在饮料里吹泡泡。这一次爸爸几乎是吼叫：“你已经把我逼到忍耐的极限了！”实在很难相信一个十岁的孩子竟会有如此的能耐，可以把一个成年男人逼到忍耐的极限。

“不要惹我生气。你不会喜欢我生气的样子。”

事实上，我们大多数的人都是用这种方式与人打交道，我们不断地把控制自己情绪的权力让给周围的人。当我们需要别人照我们的要求去做某件事，来接受或认同我们的时候，就会让他们来掌握我们的情绪。

邦奇·威尔斯是一位 NBA 球员，曾因为对一位球迷做出猥亵的手势被罚款。事后被问及此事，他回答说：“如果那个球迷稍微专业一点的话，我就不会那么做了。”

说得很有意思！但究竟谁是职业球员？谁应该是那个专业的人呢？拜托！

当然，我们不能对邦奇·威尔斯太苛求，我们每个人都曾经给别人乱扣帽子，把自己的情绪化反应造成的过错推得一干二净。《旧约》里说，这一切的开始必须追溯到伊甸园里的亚当与夏娃，在吃了禁果之后，他们便开始学会怪罪别人。首先是亚当责怪夏娃，然后他又责怪上帝创造了夏娃，然后夏娃又责怪蛇，难怪他们的一个儿子会因为一时妒火中烧而杀死兄弟。

不管你相不相信这个故事，它都阐明了一个真理：人类从诞生之日起就一直在怪罪别人了。

承认错误，不抱怨环境，不怪罪别人，甚至不责难自己的成长经历，这样你才会感到自己是个成年人。对自己的行为负责是一种成熟的象征，但这只是你在“控制好自己”这条道路上走出的第一步而已。学习“控制好自己”意味着无论何时你都能对自己的决定负起责任。我并不是说你要永远都不犯错，追求零缺点，而是说你要认清一件事，那就是任何人，哪怕是你的孩子，都不能控制你的思维和行动。事实上，你的孩子并不能把你逼到抓狂、发飙或崩溃，他们根本没有这个本事。

你的情绪化反应取决于你，你永远都有决定权。

别把你的“遥控器”送到孩子手里

你也许看过这个电视广告：一个男人在看电视，手里拿着遥控器，这时他的妻子走进客厅。当他问起晚餐吃什么时，妻子便开始自顾自地说起她一直想买的那件洋装，没完没了。这位恼怒的丈夫拿起遥控器，对准他的妻子按下按钮，然后她的速度突然加快。丈夫一直按着按钮，直到终于听到“火鸡派”这几个字时才松手。这个广告最后的结尾是丈夫拿着高尔夫球袋正要从后门溜出去，这时妻子拿着遥控器对着他按下按钮，变换了他的频道，一下子，他被控制，竟然放下球袋，跑去洗衣服了。

这个广告让我们哈哈大笑，因为它反映了所有人内心深处的幻想：让别人完全遵从我们，就像亚当·桑德勒（Adam Sandler）在《人生遥控器》（*Click*）里扮演的一样。我们经常想拥有一个遥控器，能指挥我们的同事、伴侣，尤其是孩子。随便按个按钮，管他是什么按钮：

乖乖上床去。

不要打你妹妹。

我说不行，就是不行。

长大后成为一个适应力强、独立自主的人。

问题是，你一次只能拿一个遥控器，当你拿了别人的摇控器，就会自动把控制你的那个遥控器交给他。当你要女儿收拾好东西，但她却说不时，会怎么样？她只要不服从你的命令，形势就变化了，她已经开始控制你的遥控器了，于是你被拉进了一场按遥控器大赛。也许你可以提高嗓门怒斥她，但她会更挑衅，更没有礼貌。

如果你想控制别人，一定会反被别人控制。如果你依赖的是控制他人的权力，结局便注定会很令人沮丧或悲哀，他们只需要说“不”，就会让你抓狂。你失控了，因为你试图要控制你没有权利控制的东西。

当家作主意味着什么

能够真正当家做主，你将在“零吼叫”之路迈出关键的一步。**真正的当家作主意味着拥有驱动孩子成长的力量，而不是靠施压或**

SCREAMFREE PARENTING

与其苦口婆心地说服孩子，不如妈妈先给孩子做一个表率，让孩子自己去体会妈妈的良苦用心。

——张炳惠

《好孩子的成长 99% 靠妈妈》

权威来教养孩子，真正的当家作主意味着激励你的孩子自主成长。

我再强调一次，做“当家作主”的父母意味着激励你的孩子自主成长。

当家做主会让你发生重要的转变，从控制孩子的行为转变为影响他们的决定。你的目标不是去控制他们，而是去影响他们。切记，你不用“为孩子负责”。你应该不断地放手，尊重他们做选择的能力，哪怕你并不赞同他们的选择。只有当他们有为自己作决定的自由，他们才可能懂得选择与后果之间的因果关系。所以，请你一定要改变你的思维模式，也就是说，无论如何，你都不能强迫孩子顺从你。强迫只能在短期有效，却给未来播下了灾难的种子。

当我们想强迫孩子服从我们时，便把教养变成了战争。甚至我们还会真的使用战争术语：“战火是你挑起的。”我希望我们能把这句话从我们的字典里删除，因为语言能够塑造我们和孩子的关系。如果把跟孩子的交流看成是一连串的战火，那我们便不得不卷入战争。

在《养出你能够忍受的孩子》（*Raising Children You Can Live With*）这本书中，亲子关系大师杰米·莱瑟（Jaime Raser）说：“教养并不是用‘方法’或者‘手段’去控制子女，教养是父母与孩子之间的一种特别的关系。”莱瑟在书中提到：

孩子们可以把与父母间的互动变成是对抗父母，而不是对抗由于犯错带来的惩罚。这样，双方关系就变成了一场战争，“比较强悍的”一方就能打赢战争。可是就算父母们赢得了战争，那也只是教会了孩子赢是最重要的目标，而武力与权力就是赢得战争的武器。最后孩子们学到的是，只要有足够的权力，他们也可以打赢战争，而且这就是世界运转的方式。

这场战争可能永无止境，在人际关系的战争中，没有胜利者，只有越来越多的受难者。当你要孩子看在你的份上顺从你，那你就是在转让权力，你就是在让他们来掌控你的情绪。

父母为什么会吼叫

我们都知道，沟通不只是靠嘴，话语只占实际达成沟通的一小部分，任何话语的内容都比不上事情的原委来得重要。

当我们对孩子吼叫、反应变得情绪化时，透露的只有一个信息，那就是让我平静下来！无论我们说了什么，无论我们的激烈争吵持续了多久，无论我们的孩子多大，当我们怒吼时，唯一透露的信息都是——让我平静下来！任何时候，只要我们以吼叫来回应孩子的行为，实际上就是在乞求他们帮忙平息我们的焦虑！

我们传达的信息就是我们没办法应付他们不顺从、不听话、不安静，因为我们不能应付这种种状况，所以就抓狂了。

我不敢相信你竟然这么做！

天啊！你究竟在想什么！

我跟你说话时请你看着我！

无论你在引号中填入什么内容，透露的信息永远都是相同的：“我需要你服从我，否则我就会失控；当我失控时，我需要你服从我，这样我才能恢复平静。我所有的情绪反应都取决于你。”

一个四岁或十四岁的孩子怎么能应付这么大的压力？对，压力。当我们将情绪的控制权交给孩子时，我们就会把焦点完全都放在他们身上。我们已经开始慢慢围着他们转了，他们在学校表现如何、是不是守规矩，他们今天做了什么事，全都会引起我们情绪化的反应。于是，孩子们不成熟的怪念头，自制力不足，以及他们成长的困惑，操控了整个家庭的情绪。

“让我平静下来，孩子，因为我没办法让自己冷静下来。”

这听起来很像《绿巨人》里的布鲁斯·班纳的话。

“不要惹我生气，你不会喜欢我生气的样子。”

那么该如何改变呢？你可以取回你的遥控器，首先，你必须掌控好你自己的情绪。

让自己平静下来

你可能会说：“你说的很有道理，可是在气头上，我可能会背道而驰。”这点我能理解。确实，在混乱、焦虑中，我们会着急、会惊慌，然后开始把焦点放在别人身上。我们都会有某些情绪的触媒，特定的景象、声音或言词，就会引爆或缓解我们的情绪。这些触媒的强度会因为时间、对象、地点而有所变化，但可以肯定的是，没有人能像孩子那样具有超强的引爆力。

> 我恨你！
>
> 你很愚蠢！
>
> 妈，我在厨房里出了点状况。
>
> 她打我！
>
> 我希望你不是我的爸爸！
>
> 你永远不让我做我想做的事情！太不公平了！
>
> 为什么你总是要去工作？
>
> 我考试考砸了。
>
> 爸，我刚才把车撞坏了。
>
> 妈，我好像怀孕了。

够了！几乎喘不过气来了，是吗？教养专家詹姆斯·多布森（James Dobson）博士有一本相当畅销的书，书名为《懦弱的人可教不了孩子》（*Parenting Isn't for Cowards*），真是一语中的。

史蒂夫·马丁（Steve Martin）在电影《我的野蛮网友》（*Bringing Down the House*）里有一出很精彩的戏。听取了那个通晓世事的新朋友的建议，史蒂夫决定冷静地和他正处于青春期的女儿好好谈谈。当他的女儿在外面疯狂了一夜，摇摇晃晃地走进家门，史蒂夫·马丁脸上露出特有的扭曲的表情。他尽力保持微笑、维持冷静，但实际上内心怒火沸腾，气得想杀人。

最后的结局比他预期的还要好。他的女儿告诉他派对上发生的事情，巨细无遗，远比他想知道的还多。说完之后，她实在太高兴爸爸没有大发雷霆，所以张开双臂抱住他的脖子，嚷道 :“爸爸！我真高兴能够跟你说话！我还有太多事情想要告诉你了！”

当然，那只是一部电影，在现实生活里就不会那样发展，是吗？错。我已经见证过数百次这样的亲子互动场景了，当然前提条件是父母们要学会控制自己的反应。

试想一下，假如电影里的父亲不想，也没有能力控制自己的情绪化反应，那么当女儿彻夜未归刚踏进门时，事情会怎么发展呢？

我敢肯定他会完全失控，甚至会把屋顶都掀了。在这种情况下，你认为结局会如何呢？父女两人是不是很可能以互相吼叫的方式收场？如果他跟女儿一样无法控制自己，他的权威就荡然无存。

如果你向冲动投降，你就是在催生你想避免的结局，这个过程可以称之为“焦虑转移”。当父亲让自己平静下来，结果是女儿也变得更平静，更相信他，并向他坦承一切。她对于父亲平静的影响力有所反应，结局是父女之间更加互相信任。

我们还可以想象一下，假如那位父亲让焦虑控制了自己，大发雷霆，差点把屋顶掀翻。因为他没有能力控制女儿，担心她的安全，产生了焦虑，然后他把这份焦虑转移到女儿身上。于是她的反应是自我防御，一场吼叫对战旋即展开。最后两人关系变得更加恶劣。可能有人会认为，是女儿有错在先，谁让她竟然干出这样荒唐的事，彻夜未归。我不是说为了加强这种平和与互信的关系，就可以让你的孩子为所欲为。我说的是为了让你登上一家之主的地位，为了让你拥有梦寐以求的能对孩子产生积极影响的力量，你必须做的第一件事就是平静下来。你必须平息自己的焦虑，防止它转移到孩子身上，避免让场面变得更糟糕。

为了能当家作主，你必须控制好自己。

成为"零吼叫"父母要反省的问题

1. 在什么情况下，孩子最容易让你产生情绪化反应？

2. 你最典型的吼叫方式是怎样的？

3. 当你失控的时候，通常最喜欢责怪谁？

4. 有谁曾经故意迫使你失控吗？你是怎么应付的？

5. 回想一下你明明在气头上却保持着冷静的经历，并且你对自己当时的反应感到很自豪。你当时的冷静对最后的结局有怎样的影响？

第3章

长大很难，尤其是对成人而言

没有人说这很容易，也没有人告诉过我会这么难。

——酷玩乐队，《科学家》

养儿育女的最大谎言：孩子出生后就苦尽甘来了。

——佚名

我一直很讨厌“一分耕耘，一分收获”这句话。

其实，我只是在别人对我说这句话的时候才讨厌它，因为这话的意思通常都是：“不要再抱怨了！”

其实我也挺喜欢“一分耕耘，一分收获”这话的，但那是在我对别人说这句话的时候，比如对妻子、孩子们，或是好朋友。那样一来我就可以高高在上地把我累积多年的智慧传授给他们，然后心安理得地看着他们忍受必须忍受的痛苦。

事实上，“一分耕耘，一分收获”这句格言的确包含了真理：痛苦通常都是促成重大改变的最强催化剂（比如我们利用人为制造的痛苦和压力来锻炼肌肉）。不过这句格言只在一种情况下才具有真正改变我们生活的力量，那就是当我们对自己说的时候。

在这句格言融入我们的核心信念、融入我们的骨子里之前，它毫无用处，只会让我们徒然感到挫折罢了。这句话只有在我们不断地复述它、并且由衷地相信它的时候，才能成为改变自己的催化剂。这也就是为什么撰写本章对我如此具有挑战性，阅读本章对读者来说也可能一样具有挑战性。如果我把自己当做家庭教育大师，以布施智慧的态度，天马行空地来撰写这一章，那么除了空洞的大道理，你什么也听不到，最终也无法解决你在生活与亲子教养上的问题。唯一能够帮助你的，就是让我们的对话点醒你，当然前提是你我都必须坦诚相对。

首先，你必须确定你已经了解如何为人父母，这可能是你做过的最具有挑战性的事情。同时，你还要明确你想成为什么样的父母——在这点上你可以尽可能发挥你的想象力。

为人父母很难，而且本书并不能改变这一点。同时，为人父母是有回报的。但是没有付出就没有回报，只在心里想想是没有用的，只有等到你付诸行动才有可能得到收获。

成长的痛苦和回报

教养子女是痛苦的，不过你也许不知道，教养子女本来就应该如此。因为教养子女也是一种成长的过程，没有哪一种成长是没有痛楚的。耶稣的话阐明了这个道理：一粒种子如果不先落在地里死掉，就不能结出许多果实。难怪为人父母这种事好像是要把我们逼死一样！

从很多方面来看，你其实已经经历过某种死亡了。一旦成为父母，你所熟悉的生活有很大一部分已经改变了。想想看，这个孩子出生之前，你是怎么安排时间的？闲暇时间、睡眠方式、消费习惯、旅游计划、朋友关系、婚姻关系，从你当上父母的那一刻起，每一件都永远地改变了。从现在起你永远都不可能摆脱为人父母的身份，你也永远不能再回到以前，有时候感觉这真的就像一种死亡。

然而这也很可能让你感觉像一种重生。**一个婴儿诞生了，他把自己交付给我们照顾，从那一刻起，我们也开始了一段崭新的成长历程，孩子和我们同时置身于这样的过程，彼此在交流中都面临着新的挑战。**

对身为父母的我们而言，我们有责任去设定这个关系的参数。换句话说，我们必须制订规则，以便妥当处理在这种密切关系中必然存在的焦虑。父母如何处理自己的成长之痛，将直接影响其他家庭成员如何应对他们自己的成长之痛。

戴维·史奈奇博士（Dr. David Schnarch）在他的著作中主张把所有的关系当成是推动人类成长的机器。“处理人际关系本来就应该是困难的，因为它们是为了激发自我成长而设计的。”在关系到亲子教养时，这一点更为真切。因为没有任何一种角色会像父母一样，要求我们必须有耐心和鼓励的技巧，没有任何人际关系要求我们必须像这样始终如一，没有任何事情会像悉心照顾孩子并让他成为独立自主的成人那样让我们感到如此脆弱和力不从心。

然而，所谓成熟，某种意义上来说就是愿意为了未来的回报而忍受现在的苦痛。追求自身的成熟会在我们与孩子之间，建立一种充满活力、相互激励，而且彼此深爱的关系。

不过，能否建立这种和谐的关系取决于我们是否接受教养子女的困难，并把它视为挑战，视为自我成长的机会。当我们选择成长，就会明白痛苦与焦虑都会帮助我们。一旦明白这一点，我们会更愿意把焦点放在自己身上，而内心则充满了平和的力量。教养孩子的困难促成了我们的进步，因而，痛苦也就有了意义。而且由于我们改变了自身的观念，就算孩子们不肯合作，我们也不再那么容易气急败坏了。

你的冲动到底让谁“难看”？

我辅导的一名客户曾经目睹过这样一个场景：一个女人在咖啡店排队时，她的小女儿一直趴在自动弹回的门上玩。

那位母亲再三地恳求（加上多次的威胁）之后，终于破口大骂：“如果你再不放开那道门，我就会让你在所有人面前难看！”

真讽刺。这就像我不堪回首的“漂亮帽子”故事一样，谁才是真正应该感到难堪的人不言而喻，这就是冲动的代价。四下看看，你会常常看到人们失去理性，你会常常看到父母向冲动屈服。

看看这种情境是不是很熟悉？某一天在公司里，不知怎么搞的你把调色剂洒到了新买的长裤上，然后你接到女儿的电话。

“嘿，妈妈，你在哪里？你半小时前就应该到了的。”

糟了，今天是你去接孩子放学的日子。虽然你满脑子想着要回家换套衣服，可现在却必须赶去学校，而且还必须去超市买食物，否则今晚只好吃这星期以来的第三次披萨了。你发动车子，但车子没油了。你接了孩子，然后去超市（但你把购物清单忘在办公室里了），然后孩子们开始疯了似的吵着“要这个，要那个”，你也开始对他们大吼“住嘴”和“我说过不行”。

这些吵闹不休的可爱的天使们在你大叫的时候可能会安静一会儿，可是他们的情绪也跟你一样紧张，而且他们可没想要跟来超市。当你终于到柜台排队结账时，最小的孩子看到那些摆设得跟他视线差不多高的、亮晶晶的糖果（聪明的销售手段或是可恨的阴谋？），然后孩子们又开始吵着“要这个，要那个”了。更要命的是，你前面的那位太太还在用一大叠的折价券付账。

这时你不是让步就是抓狂。但是，如果你向一个孩子让步了，那另外的孩子也会跟着起哄。如果你已经答应了一个孩子，还妄想拒绝另一个的话，那你就准备应付一场“公平之战”吧，孩子们在很小的时候就有了平等概念。绝大多数父母就算已经对孩子让步了，十有八九最后也会抓狂。

“现在就给我闭嘴！”

“你们两个为什么就不能安静一点？我们马上就回家了！”

“如果你们不马上闭嘴，我就会让你们在所有人面前难看！”

有时候这些“动听”的话语还会加上扯手臂、拧耳朵的动作，或是威胁地挥舞手指。如果场面再火爆一点，甚至还可以看到打耳光或是掐脖子呢。

在保罗·莱瑟 (Paul Reiser) 演出电视剧《为你疯狂》(*Mad About You*) 之前,他曾主演了一部不太红的电视剧《两个老爸》(*My Two Dads*),在剧中他饰演的是一位青春期少女的父亲。每当我看到有父母用“指”责的方式传递他们的愤怒时,我就会想起当时莱瑟在电视剧里做的,一边教训女儿一边不断地挥舞着手指。

不过当他教训到一半的时候,自己停了下来,看着手指问 :“我什么时候长出了我父亲的手指头?”

他所需要的只不过是一顶可笑的纸帽。

大家都知道什么是精神错乱吧?一再地做着相同的事情,却期待着不同的结果。你回想一下,你的惊慌与抓狂真的对事情有所帮助?

通常我们的冲动式反应恰恰会导致我们最害怕的那个后果,而那就是代价。把它想象成一条宇宙法则 :**每当我们向焦虑屈服,就会使那个我们原本希望避免的后果发生,冲动的反应会让事情变得更糟。**

几年前发生在我身上的一件事就是这个法则的最佳例证。而且,它还展现了冷静的力量,也就是“零吼叫教养”的真谛。

遇到突发状况,告诉自己冷静

买第一栋房子的时候,我们的女儿汉娜四岁,儿子布兰登刚满两岁。孩子们很喜欢新鲜的事物,他们迷上了新房间、后院的

SCREAMFREE
PARENTING

如果你看不惯某种东西，那就改变它。如果你无法改变它，那就改变你自己的态度。不要抱怨。

——马娅·安杰卢

引自《不抱怨的世界》

新操场，但最吸引他们的，是门厅里那道有两层楼高、很陡的楼梯。楼梯的一边靠着墙壁，另一边围着长长的栏杆，下面就是硬梆梆的木地板。

汉娜只花了一天的时间，就发现爬楼梯栏杆外侧是一项很刺激的运动。悬出的部分刚好够她站立，还有很多柱子可以抓着，所以这个栏杆正好可以让她进行室内攀爬。幸好，在她惹祸之前就被我撞见了。我把她叫下来，然后再三强调禁止在楼梯外侧攀爬。

然而，我没有注意到，布兰登目睹了他姐姐的一举一动。

两个星期后，我走出卧室，走到楼梯口时，令我恐惧的一幕发生了：我看见我那个笑眯眯的可爱的儿子正爬在栏杆外侧，努力保持着平衡，他已经爬上楼梯的三分之二了。

“嗨，爸爸。”

我竟然还能听见他在喊我，当时我满脑子想的是，他离下面的硬地板有两米高。

这时你会怎么做？请坐在沙发上，设身处地地想象一下这个场景，你的孩子灿烂的笑脸摇摇欲坠，一场大灾难迫在眉睫。你有什么感觉？你身体的哪个部位有感觉？肚子正中央？还是两块肩胛骨的正中间？总之就是焦虑、担忧、紧张。

无论你怎么描述它，你都知道这种感觉是真实的、正常的，其实是可以帮助我们的。我们所有的感觉，没有一种可以比这种焦虑更能让我们对自己产生领悟，更能唤醒我们的成长。

生命的关系似乎就是这么设计的，注定会产生这种感觉。我们跟某个人越亲近，焦虑就会越频繁地发生，也会越强烈。亲近的关系不仅不会让我们感到舒服自在，反而可能让我们经历深深的痛苦。最亲近的关系，特别是那些同在一个屋檐下的，事实上还会增加我们生活上的焦虑。是不是为此感到很失望？

其实不然。如果我们的成长能够达到一个高度，就可以把这些焦虑当做是有益的、甚至是必要的体验，那你就不会感到失望了。

与其任由焦虑驱使我们纠正别人，不如利用这些感觉来检视自己，找出焦虑的源头。这些不断升高的焦虑会带给我们什么启迪呢？

为关爱的人心生焦虑，并不表示你是一个爱自寻烦恼、紧张兮兮的人，而是说明你对那个人有深厚的感情，深切的关心。如果你看着所爱的人做出危险的决定却不感到焦虑，那么你倒是应该担心自己是不是出问题了。

你的焦虑，特别是在面对孩子时的焦虑，就是衡量你究竟有多在乎他们、多希望他们好、多热爱生命的一种指标。

每经历一次这类焦虑，都会促进你自身的成长。这是一个特别的机会，一个为你量身打造的成长的机会。这也许不是出自你的本意，你也可以选择不要通过这种方式来成长。

成长永远是个选择，你要选择成长，这样你才会成长。你可以选择向焦虑屈服，不过那会付出代价。

我差点忘了，有个小男孩还挂在楼梯边呢！我的焦虑一发不可收拾，这显然是我的成长机会，所以让我花点时间来考虑一下我的选择（我们永远都有选择权）。

当然我也可以什么都不做，继续去做我自己的事。向焦虑屈服（“吼叫”）有几种表现方式，包括逃开。天知道如果当时我那样做的话会发生什么事。最糟糕的后果就是他爬上了顶端，然后试图翻过栏杆，结果往后一个倒栽葱，一头撞在地板上。在这种情形下我有成长的可能吗？没有，所以我不会让这种事情发生。

我还可以选择向焦虑屈服，冲动地反应，吼叫或冲上去。这么做有错吗？我儿子正在生死关头，我必须拯救他呀。可是仔细想想看，如果我这样反应的话会发生什么事？事实上可能会把他吓得掉下去。

这是我们每次跟孩子互动时都会面对的两难处境。不是非要面临生死关头，才能发现自己有成长的机会；每一次跟孩子互动、每一次简单的谈话，还有每一次的争执，都潜藏着让人成长的机会。稍后我们将在书中讨论那些互动，不过现在先回到楼梯上。

我问自己：“好，零吼叫先生，现在你究竟要怎么做？”这是我责无旁贷、无法逃避的状况，这个状况让我在面对儿子安危时借机成长。儿子需要我同时进行两件事：冷静面对和处理危机。

我做到了我以为自己做不到的事情，我叫了一个暂停，我知道首先需要冷静下来才能抓住成长的契机。而且我知道只要盯着我儿子、看着他有多危险，我是无法冷静的，所以我真的闭上双眼。暂停之后，我再度睁开双眼，然后装作不太理会他，说：“嗨，小子。”

然后我慢慢地、轻轻地走过去，一面看着脚下，一面注意盯着他，他还在继续爬。像过了一辈子那么久，我终于来到了楼梯下，然后走到他下方，伸长手臂抓住他的双脚，轻轻地稳稳地把他带到安全的地方，紧紧地把他搂在怀里。然后我对他吼叫，告诉他绝对不可以再做这种事了！（哦，开玩笑式的。）

一场可能发生的灾难就这样避免了。我发现了自己内在的力量，一种冷静处理事情的从容。我迎接了机会，抓住了机会，而且在这次经历中得以成长。

“零吼叫父母”不会停下成长的脚步

如果你在阅读本书，很可能你也在教养子女上充满挫败感。也许你正面对着一大堆成长的“机会”，但你却只想逃走。那么我要祝贺你，因为生命还在眷顾着你，你还在面对的挑战和各种充满压力的状况就是生命眷顾的明证。因为某些理由，这个宇宙似乎对你的成长很感兴趣。

但我们已经是成人了，生命到了这个阶段，不是应该已经完成成长了吗？事实上还差得远呢。我们得继续让自己成长，让孩子看到我们也在努力地学习努力地成长，这一点很重要。

你希望孩子愿意找你倾诉，分享他们的生活，但如果你对他们透露的消息反应过度的话，你所得到的信息便是混乱的。如果你不希望孩子把你当做引导与支持他们的明灯，那就停止成长吧，继续让你的冲动主宰一切，让你的焦虑控制你的反应吧。

然而，如果你想成为孩子们真正需要的冷静并且理智的酷爸酷妈，那么就别忘了让自己继续成长。

当然，关键不在他们身上，而是在你身上。

成为“零吼叫”父母要反省的问题

1. 你认为教养子女最大的挑战是什么？请回想从为人父母以来你面临的挑战，以及目前觉得最困难的地方。

2. 有些人说：“在我有小孩以前，我是比较好的父母。”你的教养观念和没有小孩之前相比有了哪些变化？教养子女为什么会变难？怎样才能得到更好的结果？

3. 你有过因为一时冲动而让事情变得更糟的经历吗？当时你可以有别的做法吗？结果可能会有什么不同？

4. 你认为自己成熟吗？为人父母能让你在哪些方面继续成长？

5. 让孩子看到你仍在努力走向成熟、仍在寻求自我的成长，对他们有哪些好处？

第一个故事要阐述的是，把焦点从孩子身上挪开并放在自己身上具有的惊人力量。

茱莉安娜知道得改变一下了。当她再次跟十三岁的女儿安妮进行尖叫对峙之后，她明白这些状况并不是偶然的，而是她与女儿互动的主要模式。作为一位单亲妈妈，她感觉自己手足无措，身心俱疲。

这样下去不是办法。

然而，茱莉安娜并没有向别人求助，她只是不断地要求孩子，索取他们根本无法给予的支持。例如，她要求他们在学校表现优秀一点，好让妈妈可以少操一点心；或者警告他们绝对不要回嘴，尤其是在她烦恼了一整天之后。由于没有把焦点放在自己身上，茱莉安娜在亲子关系上陷入了困境。她需要孩子看在她的面子上乖乖顺从，这没有用，他们的关系没有变好，反而在恶化。

这时，茱莉安娜来找我，开始学习把焦点放在她自己身上，认清自己在这个长期的互动模式里所扮演的角色，尤其是与安妮的互动。为了成为一位好妈妈，茱莉安娜开始领悟到，她需要别人的帮助。她开始向教会的牧师求助，牧师告诉她，下一次当她害怕自己会说出糊涂话时可以打电话给他。在把焦点转回到自己身上之后，茱莉安娜发现自己比以前心平气和了很多。认识到这一点，她开始学习降低对女儿的注意力。

可是当茱莉安娜转移她的焦点并努力维持冷静，和女儿的关系不断变化时，安妮却不断考验妈妈的新成长。

安妮想在周末跟几个女伴出游，费用由其中一位女孩的父母支付，为了玩得尽兴，她们还打算在酒店过一夜。在知道有人会开车送女孩们过去、但没有大人陪同时，茱莉安娜开始不放心，断然拒绝了安妮。于是，随之而来的是异常紧张的场面。

安妮的抗议比以往任何一次都激烈，而茱莉安娜新近学会的冷静也面临严峻的考验。在安妮一连串可怕的吼叫声中（“你从来不让我做我想做的事！”“你太不公平了！”“我恨你！”），茱莉安娜转身走进了自己的房间。（有时我们需要暂停一下，好让自己平静下来。）她关上房门，把安妮关在门外，然后含着泪开始给牧师打电话。现在是晚上十一点，她已经无计可施了。

安妮闯了进来：“哦，你在给谁打电话？一个听你抱怨我的人？真有你的！”然后她旋风似地冲了出去。

茱莉安娜并没有理会女儿的反应，她开始跟牧师谈起自己来，一句都没有抱怨安妮。

“我很生气，”她说，“我很想说一些气话。”

她跟牧师说她很累，又不太会处理事情，尤其是还要扛起单亲妈妈的责任。

“我最气我自己了。”

茱莉安娜正在做一件很棒的事，她一直将焦点维持在自己身上。他们谈了几分钟，每说一句话，她就变得更平静一点。只谈自己的情绪有助于茱莉安娜将焦点从女儿身上转移，选择自我检视则帮她平息了一肚子的怒火，让她内心深处想与女儿相互疼惜的渴望浮了上来。

当茱莉安娜内心的平和开始击退焦虑时，她注意到安妮从门缝里探进头来。看来安妮冲出房间后，又折回来把耳朵贴在门上，听到了她的全部对话。当茱莉安娜发现她时，安妮赶紧把门拉上，掩饰自己偷听的行为。

放下电话，茱莉安娜觉得自己有了足够的冷静，她走出房间，穿过走廊来到女儿的房间。她刚进门，房里的灯就熄了，安妮静静地躺在床上。茱莉安娜决定不吵她，明天再说。

第二天早上，情况发生了改变。安妮虽然没有跑下楼来大方地道歉，不过她确实平静下来了，说她了解妈妈的想法了。显然昨天晚上她也同样把焦点放在自己身上了，就是这样，她才发现真正困扰自己的是什么。

“妈妈，我真的明白了，我明白你所做的一切都是为了我好。只是，我觉得你好像从来都不希望我长大似的。”

茱莉安娜平静地聆听女儿的话，她已经可以听进女儿的观点，也可以表达自己对女儿周末外宿的顾虑。最后，母女二人以拥抱和眼泪结束了谈话。显然，昨晚安妮偷偷接收到的信息不少呢。她听到妈妈并不是想控制她，只是想控制妈妈自己。茱莉安娜与牧师之间的对话已经向安妮说明了一切。

她并不需要妈妈恶狠狠地训斥，她需要的是一个努力把焦点放在自己身上、自我成长，并能让自己冷静下来的妈妈。那正是茱莉安娜的初衷。

安妮那个周末并没有出游，她主动提出和妈妈去逛街。

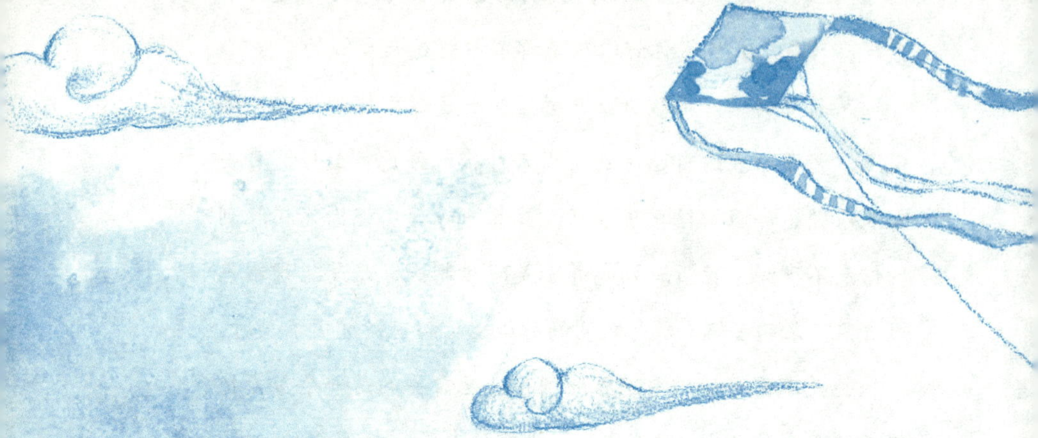

第二篇

保持冷静，意味着创造“空间”

孩子慢慢长大，我害怕的事情也越来越多。我害怕他们交友不慎，害怕他们沾染毒品，害怕他们过早发生性行为，害怕他们考不上好大学，害怕他们人生失败……我该如何保证他们顺利成长啊？

你已经经历了一段漫长的过程。在第一篇，你懂得了要想与孩子拥有最佳的关系，必须把焦点放在自己身上，冷静下来，让自己成长。在孩子成长的过程中，最重要的是你在为人父母这个角色上持续的成长。所以，塑造一个能够帮助你维持冷静的环境很重要。现在，让我们来转个弯。

到了该谈谈界限的时候了。

所谓你的界限，就是指你的空间和你的领土。空间和领土，很好记，对吧？你的空间就是你在世界上所占有的心理与生理的领域；你的领土也就是被藩篱所围绕着的你的空间，换句话说就是在不碰撞到别人的空间的前提下，你的自由限度。

所以，界限和你的空间、你的领土有关。

本篇的主题围绕着创造空间而展开。我们每个人都需要自己的空间，呼吸自由空气的空间、成长的空间、发现自我的空间。在这个空间里，我们可以探索自己的喜好、诱惑和倾向；在这个空间里，我们发现自己的优缺点，也了解自己的需要和欲望。简而言之，在我们的空间里，我们会发展出自我意识，了解到自己的独特性。身为父母的我们，有责任为每个家庭成员创造一个尊重这种空间的家庭环境。

接下来的四章将会向你证明，保持冷静、选择“零吼叫”，是创造和维持这个健康空间的最好方法。

更重要的是，创造空间也正是帮你维持“零吼叫”的绝佳方法。

第4章

对孩子有期许，更要尊重他们的选择

第一眼看到我刚出生的孩子时，我心里就明白，我要被淘汰了。我们要明白孩子们为什么会出现——他们是来取代我们的。

——杰瑞·宋飞（喜剧演员）

在参演电影《我的野蛮网友》之前，史蒂夫·马丁在《温馨家庭》(*Parenthood*) 里扮演了一位困惑、痛苦、挫败的父亲。在电影里，马丁把孩子的行为如何牵动我们的情绪演绎得淋漓尽致，就像过山车一般跌宕起伏。他也让我们看到我们常犯的错误：过度地把孩子成长的责任揽在身上。

在与有学习障碍的儿子赚人热泪的一幕戏之后，他开始做起参加儿子大学毕业典礼的白日梦。他想象儿子在发表毕业致辞，感谢生命中“最重要而且影响他最深的人”——他的父亲。这时一个年迈的史蒂芬·马丁站起来接受大家的掌声，然后他的儿子继续说到他的童年时期，他们一起走过了一段艰难的岁月。

“感谢我的父亲，”他的儿子回忆道，“我现在是这个世界上最杰出、最有自信，适应能力最强的人了。”

然而在影片稍后，史蒂芬·马丁的儿子出现严重的情绪崩溃，这个爸爸又因为高估自己的责任而开始幻想。在这个 1966 年得州大学查尔斯·惠特曼枪杀事件的翻版中，我们看到马丁的儿子站在校园最高处的顶楼，拿着来福枪对无辜的受害者扫射。警方把扩音器递给马丁，希望他可以劝导儿子下来。史蒂芬·马丁却天真地想采用流行心理学哄骗人的那套方法。

“射得好，儿子！”他在儿子一阵成功的扫射之后大喊，并耸耸肩向旁边的人解释，“让他感觉到有人支持是很重要的。”

我们塑造孩子，孩子塑造自己

我们对于孩子的未来都怀有幻想，会去想他们会上什么大学有什么样的事业，会去想他们什么时候组建自己的家庭，有些人甚至会去想象那时候的生活场景，比如说我们会大老远跑去看长大成人的孩子和宝贝孙子，对吗？这些幻想都很珍贵，而且通常出现在我们和孩子关系良好的时刻。

然而，有时候我们的幻想也会变成噩梦。我们害怕社会上那些暗藏的陷阱，会担心孩子无法在这个世界上立足。通常这些令人胆怯的画面会出现在我们和孩子的关系不是那么好、我们看着他一再重蹈覆辙并深深受挫的时候。

就像史蒂芬·马丁在《温馨家庭》中扮演的父亲一样，我们每一个人都在时好时坏的幻想之间摇摆不定，受控于我们当时的处境。或者也正像马丁一样，在面对结果时，我们不知道我们该如何权衡我自己的影响力，如何掂量我们该负的责任。

我们面临着一个矛盾的局面。一方面，我们是孩子生活中最主要的影响力，因而在人类未来的发展上，我们可以说扮演着地球上最重要的角色；另一方面，孩子的选择不能全由我们负责，否则就会牺牲掉孩子急切渴求的自主性，不能把孩子训练成负责任的人。

这就是教养的矛盾——我们塑造我们的孩子，孩子塑造他们自己。两者都是事实。但我们只要改动一个小小的介词就可以两者兼顾——我们不用“为”孩子负责，我们要“对”他们负责。

要“为”你的孩子负责，你的生活就得围着孩子转，他们就必须表现得如你所愿，好让你感觉自己成功地教养好了孩子。那么你的教养之道就必须靠各种方法来堆砌，你必须制订一系列的行为规范来确保孩子们最后能变成你希望的那样。这并非“零吼叫教养”之道，这是受焦虑驱使、祸害亲子关系的教养之道。

我不是叫你不要关心孩子的未来。我不赞成消极的、坐享其成的教养风格。无论你为帮助孩子在世上立足做了什么，你都是要对你的行为负责的。所以，最重要的是，你必须认真地考虑你期待什么样的结果，你希望与孩子建立什么样的长远关系。

设想孩子的未来，你会更明白教养的目标

“以终为始”是《高效能人士的七个习惯》（*The Seven Habits of Highly Effective People*）第4章的标题，该书是探讨人类潜力的

巨著，作者为史蒂芬·柯维（Stephen Covey）。在这一章，柯维带领我们进行了一场想象力的练习。他要求我们巨细无遗地去想象自己丧礼的画面，尤其是要我们想想我们希望哪些人来致辞，以及他们会对我们的一生作何评价。由此，可以反映出我们最深层的价值观和最核心的原则。然后，我们就可以依照这些来安排现在的生活，让想象好的终局得以真正实现。

接下来，我会带领你通过一项类似的练习去看到，你希望你的孩子有什么样的未来，你希望与他建立什么样的关系。更重要的是，你还会了解你希望自己实现怎样的成长。

首先，请你到一个安静的地方，远离孩子、伴侣、家庭琐事、噪音和电视。现在请你开始想象，你最小的孩子会在哪一年年满二十五岁？其他的孩子那时候各是几岁？做好这些算术题之后，请你发挥你丰富的想象力，细想每一个孩子那时的状况。

让自己真心去渴望这些愿景，以下这些问题你最希望得到什么样的答案？

- 孩子们结婚了吗？结婚多久了？
- 你给他们的婚姻打几分？
- 他们有孩子了吗？你对他们为人父母的表现打几分？
- 他们有大学文凭吗？有硕士文凭吗？主修什么？从事什么工作？
- 他们的薪水是多少？是在大型企业工作，还是有自己的公司？

接下来这些问题最重要：

- 他们有怎样的人格特质？
- 他们的朋友和伴侣怎样评价他们？他们的老板和同事又怎么评价他们呢？
- 他们有自信吗？他们是如何作决定的？
- 他们对自己的选择敢做敢当吗？
- 他们身体健康、精力充沛吗？他们把自己照顾得很好吗？
- 他们最深层的价值观是什么？他们对社会有哪些贡献？
- 他们与周围的人相处得怎么样？
- 他们如何打发自己独处的时间？
- 他们有信仰吗？那些信仰是如何塑造他们的世界观的呢？

现在是很困难的部分，想一想，你那时候多少岁，想象一下你的未来：

- 你的婚姻状况如何？你给自己的婚姻打几分？
- 你的身体状况如何？你把自己照顾得很好吗？
- 你住在哪里？还在工作或已经退休了？你的日子是怎么过的？
- 你变成熟了吗？

现在把焦点放在你与孩子们的关系上：

- 你常常看到你已经成人的孩子们吗？你跟他们的关系怎么样？亲近？疏远？不太好？太亲近了以致于有点难受？
- 你们尊重彼此的独立性吗？你还在等待某一个孩子长大吗？
- 你还在金钱上支持他们吗？还有孩子跟你住在一起吗？还是你搬去跟某一个孩子住？
- 你给自己身为爷爷或奶奶的表现打几分？
- 他们是否为你、你的成功和你的成熟而激动？他们如何跟他们的伴侣、朋友、孩子们谈起你？

恭喜你，无论你如何思考这些问题，都有充足的理由为自己感到骄傲。因为当我们偶尔幻想未来的时候，几乎没有人会像这样去预想。通常我们会觉得这些只不过是轻浅的、一厢情愿的想象而将之逐出脑海。然而，这些想象往往透露了我们内心的渴望。

我喜欢路易斯（C.S.Lewis）对这件事情的解读。当有人批评他不该主张读者把焦点放在对未来的渴望时，路易斯很快就巧妙地回答说：“不要把它当做是一个‘一厢情愿的想法’，而要把它当做是一个‘经过思考的愿望’。”

这个想象的过程最令人惊叹的就是，**我们越是好好思考我们想要达到的目标，我们就越可能采取有效的行动。**

SCREAMFREE PARENTING

关系的两个作用：

1. 带来快乐；
2. 助人成长。

——威尔·鲍温

《不抱怨的世界》

这就是“以终为始”的意义所在。通过把焦点放在渴望的结果上，鼓励自己今天采取相应的行动。所以，好好想一想，你努力追求什么样的结果？在教养子女上你的目标是什么？

通过引导你做这个练习，我也让你明白了养儿育女最重要的目标——创造另一个成人。

诚如杰瑞·宋飞所言，孩子们要做的事就是取代我们。这又是一个矛盾的情况，既要训练孩子去做这件事，还要在他们学做这件事的时候不阻挡他们。这就像一句古老的谚语：我们可以把一匹马牵去河边，但是并不能强迫它喝水。

让孩子“做自己”比什么都重要

商业世界的运作建立在取得预期目标上，经理们因为没有交出业绩而被解雇，广告的作用就是宣传其担保的结果。我们想知道，是不是照着说明书使用这个产品，就肯定能奏效，因此会有那么多亲子教育书籍许诺我们种种结果。“用这个方法，你肯定会看到更服从、更合作、更可爱的孩子哦！”“我们保证这个方法会让你的孩子变规矩！”“对小狗奏效的方法也可以用到你的孩子身上！”

幸运的是，生命并不是如此运作的。

孩子不是机器或宠物，父母既不是操作员也不是主人。当事情牵扯上人类关系的时候，我们从来都不能保证一定能得到想要的结果。当我们朝着目标努力时，就必须放掉得失之心。

“你是说，即使我希望孩子变成一个懂得爱、负责任的人，我也不能将焦点放在这件事上？”没错。**原因就是你越是想把孩子塑造成你想要的样子，孩子就越是难以真正选择自己想要的人生。一旦越接近你的目标，他就越没有空间发现他自己的目标。**

我曾到许多宗教团体演说，所有的信徒最关注的事情之一，就是培养他们的孩子敬神的信念。对大多数信徒而言，这是教养子女的首要目标。然而，我一次又一次地告诉他们，放手让孩子做一个自主的人才是最重要的。

如果你的孩子不是一个自主的人，那么无论他接受什么信仰，都不是他自身真正的信仰。如果他不能选择，就没有办法真正相信，也就不能真正从心底里产生信仰。这样的信仰顶多只能算是借来的，一种想讨好父母的手段罢了。这让父母们又一次面临矛盾。如果你想确保孩子信仰上帝，那就必须忘掉这个目标。你必须创造一个空间，让孩子根据自己的主张，发展出他自己的信仰。

你可以在孩子的成长过程中，积极地和他讨论信仰。你要让他认识你的心路历程，最重要的是，你的生活方式得反映出这个信仰的正面价值。但你不能强迫你的孩子依样画葫芦，因为这样他无法发展出真正的信仰。

这同样要以终为始，因为教养子女的终极目标就是，把我们的孩子培养成为一个自主、果断、负责任的人。

想想看，父母们最常抱怨什么，尤其是那些子女正处在青春期的父母？那就是孩子不为自己的行为负责。而父母最大的希望就是孩子能为自己的行为负责，这意味着他们是“自主的”。

以下是自主成熟的人所应具备的特质：

- 清楚而勇敢地追求他渴望拥有的东西。
- 乐于向他人寻求建言，但最终会自己作出判断。
- 有健全的人格和自己的信念，言行一致。
- 认为所有人（包括他的父母）都必须为其本身的行为负责，不会把自己的问题怪罪到别人身上。
- 不会让别人拿他们的问题来怪罪自己。
- 乐于而且很干脆地为自己的决定负起责任。
- 欢迎批评指教，但不会糊里糊涂地照单全收。
- 会照顾好自己，不需要别人操心。

难道这不正是你希望孩子拥有的特质吗？难道这不正是这个世界上最能让人成功的特质吗？你需要在家中创造什么环境，才能够帮助他们培养出这些特质呢？最关键的是，如果你希望孩子成长为独立自主的人，就必须明白你没办法代替他们成长。事实上，你越是强迫他们自主，成功的机会就越低。

父母放开手，孩子才会展翅飞翔

我们该怎么做？还是要继续把焦点放在我们自己身上。要把孩子训练成自主的人，首先必须让自己成为一个这样的人。我们必须创造一个让他们自己作决定、并且我们不会为此感到焦虑的空间。告诉他们生命的法则，让他们自己决定是接纳还是对抗，并自己承担后果。

以前在学校教高三的时候，我有机会亲眼见识到两种不同类型的家长。对那些无法放手的家长，高三这一年真是一场噩梦。孩子马上要离家去上大学，整个家庭的焦虑指数迅速上升。这些家长开始向逐步升高的焦虑屈服，控制起孩子生活的每一个方面。他们检查孩子每天的家庭作业、严格限制社交活动，还不时地盘查大学申请的进度。而我也只能无奈地看着他们与孩子的关系逐步恶化。

而有一些家长对这种压力则有不同的反应，他们把高三当做是孩子展翅高飞的预备期，所以反而将更多的管理权交到孩子手中。当然，这并不是易事，他们在看着孩子独自作决定时内心也充满了挣扎。不过这些家长坚持平息自己的焦虑，而不是去要求孩子帮忙安抚他们。

在大学申请的过程中，他们会把申请书交给孩子，同时告诉孩子如果需要的话，随时可以向父母求助。这些家长甚至还会把规定回家的时间稍微后延一些，让孩子先尝试即将到来的生活，大学宿舍里很可能根本就没有规定关大门的时间呢。

事实上，对所有家庭来说，到了这个阶段，高三的状况会如何其实很容易预料。对那些一向不能对孩子放手、总是需要孩子为他们争面子、从不培养孩子自主性的家长来说，高三那年只不过是历史的延伸罢了。他们像进行激烈的拔河赛，努力约束孩子的同时，孩子也拼命地挣扎，想抢得更多的“自由”。双方都丝毫没有准备好进入新的阶段，只忙着为出现的新问题而彼此怪罪。幸好，有些家庭会寻求专业的帮助，然后慢慢找到勇气，正视自己的处境，并让自己冷静与成长。

对于那些一直训练孩子自主性的家长而言，高三那年就顺利多了。他们早已经逐步放宽孩子的自由空间，明白那是训练他们展翅飞翔的不二法门。焦虑还是难免的，不过这正是一个尝试与摸索的过程，父母和子女都要努力克服因增加自主性而带来的新状况。尽管他们也会犯错，但他们对这条守则坚信不移——以终为始，放手最后的结果。

你也可以做到。

成为“零吼叫父母”要反省的问题

1. 在你的想象中，你和家人的未来会是什么样子？最难想象的是什么？最期待的又是什么？

2. 当你想到自己对孩子未来的影响力时，第一个感觉是什么？兴奋？希望？害怕？内疚？还是担忧？

3. 如果你敢诚实地面对自己，你有多希望你的孩子完成你自己的梦想？你又有多了解他们的梦想呢？

4. 你的孩子现在足够独立自主吗？最近他们进步了多少？你又是如何鼓励他们成长的呢？

5. “放手最后的结果”对你来说有什么意义呢？从你与孩子们的关系来看，可行性有多高？

第5章

孩子需要他们自己的空间

再好的孩子也不能成为你的救赎。

——埃德温·H. 弗雷德曼，《弗雷德曼的寓言》

孩子们最需要的是不需要他们的父母，这话有点拗口，我们来分析一下。孩子们最需要的是，父母让他们自主生活，独立作决定，自主面对未来。他们来到地球上，不是为了让做父母的感觉到被爱、得到温暖、受尊敬或被感激。他们来到世上就是为了成为他们自己，最终成为自主的成年人。这需要我们为他们创造出足够的空间才能实现。

这听起来很像 20 世纪 60 年代的放任式教养，或是某种逃避教养责任的方法。但首先回想一下，空间的定义是什么。你的空间就是你的领土，在这天地间占有某一个领土是你的自由，也是你的责任。狭义上来讲，指的是你的身体所占据的物理空间，这个空间不能被其他任何人或物占领。

不过一个人的空间并不仅限于他的身体。

你的空间从你的身体扩大到“私人空间”，例如在一个拥挤的机场里，你会跟别人保持一定的距离，尤其是和那些穿着背心的庞然大物们。你的空间也包括情绪自由，你可以有各种不同的感觉，你可以生气，也可以伤心，还可以迷惘。你的空间还包括你的精神世界，在这空间里你能自我反省、自我定义、自我了解。总之，你的空间包罗万象，可以包含你的隐私、意见、态度和思想。

在定义“王国”这个词的时候，南加州大学的哲学教授达拉斯·威拉德（Dallas Willard）写道：

> 我们每个人都有一个“王国”，那是一个专属于我们自己的领土，在那里，我们决定着事情的发生……我们的“王国”其实就是我们的意志力管辖的范畴，所有我们有权力管理的事物都在我们的王国里。

换句话说，我们每个人都有一个专属于自己的空间。在那里，我们可以自由去探索，发掘自己的潜力，有权利犯错然后改正。在那里，我们会感到舒适自在，无须戴上面具，可以无惧无愧地做我们自己。

每个人包括你的孩子在内，都必须有一个这样的空间。这就是为什么我们不喜欢听别人指挥，为什么我们在很小的时候就会说“你不能命令我”这样的话。

大部分两岁的孩子都有一个最喜欢用的词：“不要！”为什么他们那么喜欢这个词？未必是因生性叛逆。一个两岁孩子爱说“不要”，是因为他在学习发展自己的空间。事实上，学习发展自己的

SCREAMFREE PARENTING

在孩子很小的时候，我们就应该为孩子找到一种适合的教育方式，这种教育方式不一定是最流行的，但它一定是最适合自己孩子的。作为妈妈一定要有这个勇气和能力，这样才不失为一位英明的妈妈。

——张炳惠

《好孩子的成长 99% 靠妈妈》

掌控能力，对心理健康和生理健康都是很关键的。

记得在女儿两岁时，她就开始跟我们划清界线。有一次，她直直地看着我，伸出手臂，像要把我推开，说：“不要跟着我！”

然后跑进她自己的房间去了。

过了几分钟，她又从房间里出来(确认我是否还在那里)，又说：“不要跟着我进我的房间！”然后她又跑进她的房间里待了几分钟。

我那时可以认为女儿不喜欢我了，然后慌张地认为她以后再也不想跟爸爸玩了。我也可以感到焦虑，大惊小怪地认为她这么小，不可以独自行动，不然可能会伤了她自己。不过这究竟是怎么一回事呢？其实我的女儿只是在发展她的空间，想要看看她有没有办法自己玩。她跑出来看我，是因为想知道我是不是还在那里。

我之所以用“空间”这个词作为本章的标题，是因为这个名词可以同时表示物理和心理上的空间，而这两者是孩子成长所必需的。“空间”指的不仅仅是物理的空间，像是“别跟着进来我的房间”；“空间”还和自由相关，比如“成长的空间”和“喘息的空间”。之所以选择“空间”这个名词还因为，这个词从字面上来看，指的是在大多数美国人家里的一个主战场——孩子乱七八糟的“房间”——这个“空间”事实上能给父母和孩子提供惊人的成长机会。这是后话。

孩子们需要他们的“空间”，因为如果没有足够的空间去探索、实验和作决定，那他们就永远不可能成为完全自主的成人。没有空间去决定自己的喜好，去犯错，那孩子只能继续过着借来的人生，这只会让他们要么跟试图决定他们人生的每个人对抗（成为叛逆的孩子），要么完全听命于周围的人（成为被动的、像机器人一样的孩子）。

尊重孩子，就要为他创造适当的空间

你现在已经大致了解，创造空间就意味着在亲人间保持必要的距离。可是家人是不应该被分隔开的，对吗？

曾经不止一次，有人向我强烈抗议。在好几场“零吼叫教养”的研讨会上，都有人站起来抗议说，他们的家庭“不是一个成员们各自关起房门的家庭”。他们强调家人间根本不应该有任何距离，亲密无间才是他们最优先的选择，尊重隐私和个人空间根本不是最优先的考虑。回溯到让孩子能够自主的目标，对这些抗议的父母我永远都这样反问：“那要等到什么时候呢？到哪个阶段你才会认同孩子有权享有隐私、享有自己的空间？是到他们可以合法开车的年纪？到他们要离开家的时候？还是到他们结婚的时候？”如果我们想要他们学会尊重他人，那为什么不在这个对他们影响至深的环境里去演绎一下尊重的真谛呢？

你难道不希望你的女儿足够尊重自己，从而可以避免男生引诱她过早进行性行为吗？那么你就要尊重她的隐私，尊重她的空间，让她知道别人应该这样对待她。从现在就开始吧，让她知道她的空间是应该受到尊重的。要做到这一点，不是光说说“你应该尊重你自己”就足够的，而是必须让她先体验到那份尊重。

鼓励她关起她的房门，若你想要进入，请先敲门；问她是不是想谈谈她的感觉，然后尊重她的想法；给她买一本日记本，并且向她承诺，无论如何你都不会偷看，并且也绝对不要问她有没有用来写过日记。在她的青春发育期，别以为你可以像以往那样抱她、触碰她，这一点对父亲们尤其重要。身为她现在生命里的男人，你肯定应该继续给予她关爱与适度的拥抱，不过你得先征求她的同意，尊重她的意愿。这也许会让人感觉很麻烦，而且她的意愿有时候也许和你想的不一样，不过，这份尊重将让她知道她生命里未来的男人也应该如此尊重她。

从离开娘胎开始，孩子们就已经踏上了与我们分离的旅程。即使一开始他们会黏着你，但那也是在发展一种安全感，以便日后我们不在他们身边时能独自应对生活。孩子们必须跟我们分离，才能最终成为独立自主的成年人。所以现在，当他们跟我们很亲近的时候，我们可以引导他们认识分离的正面意义。

如果能为孩子创造更多空间，就能为他们排除焦虑，就能防止他们沾染毒品、过早发生性行为、参加帮派或自杀。孩子们不需要我们在他们做错事后产生焦虑反应，他们需要的是我们提供更多的空间，让他们去学习尊重自己。

也许你很难认同这个观点，但是与其让孩子为了逃避我们的焦虑而做错事，倒不如让他们自己去犯错。

当我们零焦虑地创造空间时，结果反而会更好。让我们自己冷静下来，我们可以传达给孩子这样的信息："翅膀长硬了就可以飞走，不仅没有错，而且是很棒的！当你们越长大，面对的选择越重要时，我们提供的尊重也会越多，而不会更少。"这种沟通无法保证孩子不会犯错——这是不可能有的保证，不过把我们害怕他们做错事的焦虑平息下来，至少可以让他们不会为了逃开我们的焦虑而去做错事。

给了他，就让他拥有

我们必须认清，相互尊重永远都必须从父母做起，虽然这很难。我们不能等着孩子来尊重我们（和他们自己），除非我们先尊重他们。就尊重孩子的空间而言，我们再也不能决定他们如何使用他们的空间，就像他们也不能帮我们决定一样。那是他们的空间，不是我们给他的恩惠，而是他们的一项权利。那是每个男人、女人和小孩都应该拥有的属于自己的空间。

这意味着你不能教任何人该如何去感觉，特别是孩子。教养专家斯科特·特兰斯基（Scott Turansky）和乔安妮·米勒（Joanne Miller）说过一个故事。

> 有一位母亲因为四岁的女儿有时候会闹脾气，就把女儿的情绪问题看做一项挑战。她会拥抱女儿、挠她痒痒，或是跟女儿一起做饼干。有时候这样做会"奏效"，可是

有时候女儿就是不吃这一套，继续生气。

最后，这位母亲对女儿说：“看来你是想要伤心一下，也许我帮不上什么忙。等你感觉好一点的时候就告诉我。”

特兰斯基和米勒总结这个故事时说：“这位母亲了解到，她或许可以提供许多协助，但最终还是得由女儿去决定是否改变。”

可是我们并不只是想要确定他们是否开心，通常我们还会想知道，孩子在犯了错之后会不会感到后悔、自责。我们总是认为必须先改变孩子的心之后，才可以放手让他们去闯荡。所以，如果至少能确定他们有“正确”的感受，我们就会放心一点。

可是那并不是你的责任，你没有权利通过告诉孩子该如何思考或感觉从而改变他们的思想。如果你试图去做你无权去做的事情，就是侵犯他们的空间，冒犯他们的权利。因为你出于焦虑这样做，到头来必然会让孩子变得叛逆——而那恰恰是你最害怕的。

奇妙的是，当你尊重他们的感受（和感受的权利），他们就能知道你想要他们如何感受。就像尊重他们的心理空间一样，你不能先给他们一个房间（或是家里的任何地理空间，即使只是一个角落），说那是他们的，然后却继续表现得好像那是属于你的一样。如果那是“他们的”房间，那就应该由他们自己作主去管理、打扫（或不打扫）和整理，你就不要任意闯进去。你得先敲门，而且要问你是不是可以进去，然后耐心等他们说请进。我知道这好像有点怪，毕竟，他们的房间就在你的房子里面。但是，这就是尊重他人空间的表现。你希望他们也能给予你这样的尊重，不是吗？如果你不能以身作则、示范给孩子们看，那你就不能期待他们给予你这种尊重。

冷静的力量

给孩子空间是很困难的，因为这要求你面对自己的焦虑。如果他对我隐瞒事情呢？如果他做错事呢？如果他把自己弄伤了呢？如果他觉得被忽略呢？如果他必须独自挣扎呢？如果……

我们之所以侵犯他们的空间，毫无疑问根源就在于我们的焦虑反应。无论他们面对什么，我们无法忍受他们挣扎得太久，我们总是希望他们能快一点恢复正常。我们无法忍受他们过得不快乐，因为那可能会在他们的生命中留下阴影——而我们认为那一定是我们的责任，是因为我们做得不够好。甚至连他们乱糟糟的房间也容易引起我们的焦虑——他们是不是正在变成邋遢鬼呢？这种事情可万万不能发生，那有违上一代教导给我们的道德……

我们如此害怕给孩子空间，因为我们害怕“给他们太长的绳子，结果害他们吊死自己”。我了解这种害怕，因为我也跟你有相同的体验。

然而，要成为“零吼叫父母”，发自内心地尊重孩子是最高原则，而不是出于心底的恐惧来进行教养。绝对不要出于恐惧来教养孩子，否则你会像第一篇中所叙述的，不可避免地导致你害怕的结果。试想，你不断地闯进十几岁的儿子的房间，四处搜寻，想找出违禁品。你会教给儿子什么？——教他变成更会藏东西的人。那并不能让你儿子明白，无论在人生的路上出现了什么诱惑，父母是他最佳的求助人选。

随着孩子年龄的增长，给他们提供更大的个人空间，远比担心他们可能会在那个空间里做错事要重要得多。你一定得这么做，否则你会不由自主地把焦点转回到孩子身上，又得为他们负责，又得开始围着他们转。

一旦你为孩子创造空间，他们会如何利用这个空间一定会让你大吃一惊！当你降低焦虑，让他们自己作选择，结果会让你觉得不可思议。我知道你难以置信，因为按照你以往惯常的做法，你现在能准确地预测到孩子相对的反应。下面，我们来分享一下我的客户和她八岁的女儿之间的这段对话。

女儿：妈妈，我知道我今晚必须打扫我的房间，可是我真的很累了！

妈妈：为什么你必须打扫你的房间，宝贝？

女儿：因为你们大家总是规定我要做啊！

妈妈：宝贝，如果你不想打扫的话，你可以不打扫。因为那是你的房间。

女儿：什么？从什么时候开始的规定？

妈妈：从我决定那是你的房间开始。

女儿：可是打扫要花很长的时间！

妈妈：宝贝，你不用打扫房间。

女儿：我不用？

妈妈：不想打扫就不用。可你希望你的房间干干净净的吗？

女儿：嗯，我希望知道每件东西在哪里。

妈妈：那你就去打扫吧。如果你需要的话我也可以帮你。

女儿：可是那要花很长的时间，而现在我累了。

妈妈：那就不用打扫了。

（然后妈妈便准备离开。）

女儿：可是妈妈……

妈妈：嗯，宝贝？

女儿：我想我今晚可以打扫一点，然后明天再把房间打扫完，这样我就不必今晚全部打扫完了。

妈妈：听起来是个很棒的主意。如果你需要帮忙，就随时告诉我。

两天后，女儿的房间虽然说不上一尘不染，但东西都物归原位了，比以往任何一天都要整洁。而且，这个小女孩竟然为自己感觉到骄傲。我想，这位妈妈也同样有充分的理由为自己感到骄傲。

然而，大多数的父母和孩子都会为房间脏乱掀起一场战争。

其实这场战争不是因为你的孩子是一个邋遢鬼，也不是因为你太过爱干净，这是为了空间而掀起的战争。当我们说那是“他们的”房间，可是又继续表现得像是属于我们的一样（比如说要求他们保持房间整洁），就是在侵犯他们的空间，也扼杀了他们对自己的空间的尊重。

当我们对孩子的空间和对自己的空间给予相同的尊重时，事情的演变将会让你大吃一惊。问题是，你可以让自己冷静到足以真正地为他们创造出空间吗？我相信你可以做到。

为孩子创造空间的 8 种方法

当你让自己的焦虑平息下来，准备好了为孩子创造更多空间时，下面这些实用的方法可以帮助你。

1. 尊重他们的空间和隐私

尽可能地将你的焦虑平息下来，允许他们关起房门，而且你要养成习惯在进入他们的房间（或当他们正在浴室里）之前总是先敲门，如果他们说“不行”，那你就说你等一下再来。

2. 不要为他们脏乱的房间而焦虑

如果那是“他们的”房间，那就让他们想怎么处理就怎么处理。你可以告诉他们，为了保持卫生健康，每年全家上下都要彻底打扫两次，包括他们的房间。除去那两次大扫除，他们得自己管理自己的房间。每当你对他们的脏乱感到焦虑时，就去打扫你自己的房间。当然，你可以表达你对他们房间的看法，你可以说你不会进入他们的狗窝,因为怕被那一大堆的垃圾给绊倒了。不过，点到为止就可以。

3. 尊重他们的选择

给你的孩子适当的零用钱，然后让他按自己的选择去花费。即使只给他一块钱也没关系，最重要的是这个原则。告诉他钱有不同的用途（投资、花掉或送人），不过别指望他处理金钱会比你精明。

当我们把钱给了孩子，就已经放弃了那笔钱的使用权。如果你还要告诉他们如何花那笔钱，那就不是真正属于他们的了。如果你花钱有某一套逻辑，就照你的逻辑去做，因为你花的钱本来就是属于你的！不过，一旦你把钱给了他人，你就是把钱的使用权给了他人。如果我们希望孩子有正确的金钱观，那就必须先让金钱真正属于他们。

4. 戒掉你想知道他们的感受的欲望

大部分时候，他们根本不知道自己究竟有什么感受（大多数的成年人也一样）。你焦虑地认为他们必须搞清楚，这只会适得其反。相反，你越是不觉得需要去知道，他们反而越可能告诉你。

这并不是说你应该漠视他们的感觉，而是在关心的同时要保持平静、镇定。所以，问问他们的感觉，让他们知道你想帮助他们学习如何表达自己。不过，千万不要想确定他们有“正确”的感受，那最多只是你认为他们应该要有的感受，只是源于你的情感焦虑罢了。

5. 戒掉你想知道“为什么”的冲动

质问孩子（不论是幼儿还是青少年），要他说明自己犯错的动机，是不会有结果的，因为他自己多半也搞不清楚。而且你想知道他们为什么会犯错，常常是为了自己而不是为了他们。你想要他们表现出某种形式的理性，你以为这样就不用担心他们进入社会后会不会成功，也不必担心会不会由于你的过失而导致他们失败。

讽刺的是，如果他当真知道自己为什么犯错，而且也能仔细地解释，说他是经过深思熟虑之后才打弟弟或逃学的，那你反而会更加担心了！如果你的儿子可以理智地说出他不写作业、而且还顺便撒谎的理由，那你不仅该担心，而且还该害怕呢！

“以前，在我最焦虑的时候，很担心他会是一个问题少年。现在我很确定他就是了！”

无论用什么方法问为什么，最终都不会有结果的。顶多只会让你的孩子学会为自己辩护，因为你这样做就是在要求他对自己的行为进行辩护。

6. 让他们去挣扎

对孩子的问题总是有问必答，或不断地告诉孩子要怎么去解决问题，就是剥夺孩子发展探索与大胆创新的机会。“妈妈，这我不会做！”一听到这话，一股莫名的力量就会激发我们的焦虑，我们觉得必须将问题解决掉。可是如果急着去解答，就等于扼杀了他们依靠自己的力量找出方法的机会。

如果你让他们自己挣扎，你可以这样说：“你不会吗？天啊，那真是糟透了。你已经试过了哪些办法了呢？”

等他们回答之后，你再问：“那你现在准备怎么办呢？”当你眼睁睁看着孩子们挣扎的时候，如果你越能平息焦虑，他们（还有你自己）就会成长得越快。

7. 容许你的孩子反驳你，并学会尊重他们的观点

这对焦虑的父母来说是非常困难的，可是容许（甚至鼓励）你的孩子反驳你，会创造出一种和谐的亲子氛围。像“这是我的想法，你认为呢？”这样的问题，就体现了把孩子视为独立个体的高度尊重。

当你变得越来越“零吼叫”，不会对孩子的观点评价说“没错，可是……”，你真正地认同他的思考过程，尊重他在亲子关系里的位置，那样，你真的可以从孩子身上学到不少东西呢。

8. 跟孩子说话的时候尽量不要直视他们的眼睛

我知道这听起来很怪，甚至有点悖离常理。虽然对话时四目交接是极为亲密的举动，但是同时会让人感觉自己无所遁形。因此，这种对话很容易变成威吓和抗拒的模式。有时候，你要表现得既严厉又宠爱，很适合采取四目相对的方式，可是这种时刻是极少的，所以还是尽量慎用四目相对的对话方式吧。

如果你想让孩子去探索自己的空间，并与你分享过程，那就一起去做一些稀松平常的活动，把目光从彼此身上移开，但同时保持交流。出去散步、逛街、开车兜风、拼乐高玩具、玩游戏、打水漂儿、玩棒球或其他任何事。这些简单的活动不仅可以让你们双方放下对抗的姿态，最重要的是，还可以使你们有足够的空间维持平静的交流。

到现在你应该已经明白，给孩子空间的意义就在于，这会让你更容易维持“零吼叫”，而维持“零吼叫”又有助于创造空间，这是一个良性循环的过程。很神奇，对吧？不管你信不信，你已经在向成功靠近了。

成为“零吼叫父母”要反省的问题

1. 你的孩子享有多少隐私权？
2. 要给孩子提供更多的空间，最困难的是什么？

3. 你的孩子曾经在什么东西——例如书本或房门上，标明“私人所有，请勿靠近”吗？在你想要拥抱或亲吻孩子时，他们曾经试图挣脱吗？当时你是如何反应的？

4. 要扩展孩子的空间，你心里最大的恐惧是什么？

5. 你的孩子有多大的自由可以恨你？反驳你？或对你和你的决定表达愤怒？

第6章

坏情绪，“吼叫”的导火索

我已经找到给孩子建议的最好方法：找出他们想要什么，然后建议他们去做。

——哈里·S.杜鲁门（美国前总统）

我不是《星际迷航》(*Star Trek*)的影迷，甚至，我还会取笑那些痴迷这部电影的朋友们。不过我却对电影里被称作“博格人”的半机器人很感兴趣，他们很凶残，而且全部受控于一个共同意识。他们虽然有各不相同的身体，但并没有思考能力或自己的意志。对于博格人，根本没有所谓个体这回事。当他们俘虏了对手，就会把他们“同化”成他们的同类，抹灭俘虏的个体意志。

你可以看出博格人的作为与创造空间正好相反，他们是在消灭空间。他们同化别人的意图如此强大，以致于只会重复同一句话：“抵抗是没有用的。”不管俘虏做任何努力，最终都将被同化。

令人遗憾的是，很多人仍在用这一套来管教子女 。你曾经听到过，甚至你也曾说过：“你这个天生反骨的家伙，我得帮你改掉这个坏样子，把你塑造成一个……”说到底这就是同化式的教养，这种教养方式使得父母只有行使权力，把所有的孩子都变成小乖乖，才感觉自己掌控了整个家庭。

在我治疗与辅导的工作中，常常可以看到这样的家庭。而且我很肯定在这样的家庭里，父母不知道自己究竟有多大的影响力，而孩子试图伸展自我意志会让他们感觉到受威胁。所以父母们更强行使用权力来与孩子抗衡，“权力抗争”也就由此产生。当孩子没有任性的行为时，父母就会认为他很乖，就不会感到受威胁，就不用伤透脑筋。而这种互动关系所导致的只是一个建立在权力抗争上的亲子关系。

很多时候，这些父母与孩子之间唯一的交流方式就是，只要孩子向现状挑衅，就用各种规矩来迫使他们就范。如果孩子没有挑衅，焦虑就降低，相对而言相安无事。然而，没有了所谓的“挑衅”，也就没有了亲子交流，这正是最悲哀的地方。在这种家庭里的孩子，要不就是需要重点关注的叛逆分子，要不就是“凡事都不用我们操心的”乖孩子。这将给孩子（和父母）制造出一条要花许多年才能走完的崎岖的成长之路。

“零吼叫教养”提供了一种完全不同的选择。讽刺的是，这同样要采用博格人常说的一句话：“抵抗是没有用的。”不过，这话不是对孩子说，而是对我们自己说。

当孩子向你挑衅时

如前面所说，当孩子展现自我意志时，大部分的父母都会认为那是在挑战他们的权威。教养杂志和广播节目常常这样鼓吹：

“当孩子向你挑衅时，你必须断然迎战。”

这句话先入为主地假定了你与孩子之间的互动就是充满敌意的交战，结果必定有一方大获全胜，另一方溃不成军。然而，我希望你能从一个完全不同的思维角度来看问题，希望你不再将与孩子的互动视作是一触即发的战争。事实上，**孩子在成长过程中，他会不断地考验你，他这么做，并不是蓄意冒犯你。相反，他是在考验你，想看看你值不值得信任，是不是真的很可靠、坚定而且言行一致。**请相信我，他非常需要你通过考验。

你可能会问：“你是说当孩子把我惹毛的时候，并不是真心希望我屈服？”

确实，他们因为焦虑驱使，会期望你在当时屈服，可是他们下意识里却在拜托你不要被激怒，并能保持冷静地将焦点放在你自己身上。

大多时候这种考验让人感觉就像是战斗，就好像孩子是在挖战壕、往火箭筒里装炮弹一样。不过，他们这样做其实只是在向你下战帖。在中世纪，武士们用铁手套来保护自己，把铁手套丢到敌人的脚边，就是在向对方下战帖。将铁手套捡起来，就表示接受战帖，表示接下来无论发生任何事，双方都愿意负起责任。在教养上也是这样，当孩子向父母下战帖时，就是在考验你，想看你是不是肯为他们负起责任。

孩子下的战帖千奇百怪：“我很无聊！”“我们到了没呀？”“你不公平！”“我不想做，而且我也不会去做的！”“我恨你！”想一想最近孩子对你说出类似的话时，你当时有何反应。你可能根本还没来得及细想，就已经迅速弯下腰，一把捡起铁手套，全面迎战。

那这跟博格人有什么关系呢？作为“零吼叫父母”，与其在孩子进行情绪性抗议时对他们说“抵抗是没有用的”，不如利用孩子本身的势头，彻底改变双方的矛盾冲突。

让我把这些概念综合地解释一下。柔道，即“柔和之道”，其奇妙之处在于将对手原始的、野蛮的攻击力借势化解，以扭转交战结果，这是一种不用接受战帖的交手模式。在搏斗中，练柔道的人虽然会迎战，但是会平和面对。他不会攻击对方，或是认为对方是在挑衅他。相反，练柔道的人会接纳对方的攻击力，但不会进行硬碰硬的对抗，甚至，会尊重对方的攻击力。日本柔道之父嘉纳治五郎（Jigoro Kano）这样说：

> 如果一个人参加比赛，满脑子就只想着要打赢，完全没有任何追求更高成就的大志，那他的身体就会变得僵硬、机械地防卫。相反地，柔道是通过闪躲对手的攻击力量，或是改变自己的姿势，以化解对手的力道。

嘉纳治五郎经常谈到柳树。他观察到在日本严寒的冬季，看起来很强壮的树木常常因为沉重的积雪而被压断枝干，但柔软的柳树却能让积雪从枝桠上滑落。柳树利用雪的重量顺势压低自己的身段，而不是企图用更强的力量去对抗。这个处理冲突的方法，就在于了解对手，谨慎观察对手和他的一举一动。只有这样，面对对手的挑衅时，你才知道该如何应付他，而不必采取直接的对抗。

你应该了解了柔道的搏斗模式和“零吼叫教养”之间的相同之处。孩子焦虑地对付自己的情绪和责任时，会试图把你卷入战争。想想你那个两岁大的孩子，在你告诉他不可以拿某样东西时却偏要去拿，还一直生气地看着你。想想你那个刚上学的女儿，因为你不让她做“别人都可以做的事”而对你大吼大叫，还说你是世界上最糟糕的妈妈。想想你那个正处在青春期的孩子……

这些全都是考验，但这些考验只有在我们想要替孩子负责并接下战帖的时候，才会变成“战争”。

用“柔道”应对孩子的“战帖”

“零吼叫教养”提供了完全不同的方法，因为柔道是一种与他人的攻击力道共存的艺术。“零吼叫父母”会想：“我要怎样才可以理性地处理孩子情绪化的攻击呢？我要怎样才能在他们把铁手套丢到我脚边时，像柳树一样放低自己的身段呢？”让我们逐一来探讨“零吼叫”之路上经常会遇上的一些测试。

1.“我很无聊！”

这是孩子们的经典战帖。而大多时候我们都是马上接受邀战，下意识的反应就是我们感到很生气。“无聊？你怎么会无聊？为什么不上楼去玩那些我辛辛苦苦给你买的玩具？”“你知道什么叫做无聊？为了给你买那些玩具，我得每天上班，那才真的叫做无聊！”然后你就开始焦虑了，“这孩子真的厌倦生活吗？是不是我做错了什么？”最后为了让孩子高兴起来，你会对孩子说：“好了，你可以出去找吉姆玩，你也可以回你房间，你爱干什么就干什么吧。”

而“零吼叫父母”永远不会在第一时间拾起战帖，他们会说：“嗯，你很心烦？我能理解，我也很讨厌这种感觉。不过，你打算怎么办呢？”你没有否认孩子的情绪，你顺应情势并且与你的孩子一起面对他的困境。

2.“我们到了没有？”

这是另一个经典战帖。上车还不到十分钟，后座就已经开始传来不断的抱怨声了。事实上还有两个小时的车程呢！假如你被焦虑驱使，当然就会接受战帖了。“还没，我们还有一个小时的车程（当然，这是在撒谎），所以给我好好地安静地坐在那里，耐心一点。”现在，战争已经开始了。“一个小时？我肯定会受不了的！出发之前你没有说要那么久。还有，一个小时到底是多久啊？我现在已经觉得很无聊了。”

相反，“零吼叫父母”永远不会在第一时间接受战帖。“噢，你也在想这个问题啊？你今天一定是很讨厌坐车吧。”对他们有同理心，“其实我也不想坐车，我真的不想开上整整两个小时的车，我比你更希望可以马上就下车！你说是吧？”跟孩子一起抱怨，

SCREAMFREE PARENTING

孩子在犯错的时候，对他说“我信任你，这次做错了，下次就不要再犯同样的错误”远比大声的责骂更能起到警示的作用。

——张炳惠

《好孩子的成长 99% 靠妈妈》

你们可以同病相怜一番（而且事实上可能还会玩得很开心）。

3.“妈妈，我不会做作业。”

有位母亲打电话给我，说想要参加我的一场研讨会。但她感到为难的不是时间，不是地点，不是价钱，她的问题是她的孩子该怎么办。我跟她说我们这里提供临时托儿看顾。“不，我不是那个意思。你知道的，我必须确定我的先生可以盯着女儿完成家庭作业。”那是一位母亲深陷在焦虑中才会说出的话。

她后来还是来参加了研讨会，她提起她当时的矛盾。“喂，哈尔，”她说，“如果我没表达错的话，我那时是说‘我不知道我是不是可以来参加这次教养研讨会，因为那表示要我把焦点从孩子身上挪开。如果我必须把我的焦点从孩子身上挪开，就表示需要我的先生来代替我做这件事。’”她接下来的话让我感到高兴，“可是你知道吗？其实很多次我没有盯着她完成家庭作业时，她还是可以完成得很好。”

全世界都盛行紧盯着孩子做功课，这正是本书所谈的一切的最佳缩影。盯着孩子做作业就是在说：“我要为你负责，儿子，所以我必须确定你把应该做的功课全部都完成了。因为你在完成作业之前，不能做其他任何事，而我也什么事都没办法做。所以我们要一起来完成这件事，确保你把作业做完而且全部做对。”这些像直升机一样盘旋在孩子头上的父母们很难明白，盯着孩子的每一个举动只会让问题更严重。因为孩子的动机就会完全被混淆了，完成作业变成了是为了让妈妈爸爸不抓狂、为了平息他们的焦虑。

孩子下意识的想法会是："阻挡我与跟朋友玩耍的不是作业，而是妈妈的焦虑。那真的很讨厌，因为当妈妈觉得焦虑的时候，我就会更难全神贯注，也更难去动脑筋了。"

你不可能天天围着孩子转，却幻想不会留给他整个世界都围着他转的印象。然后当他有一天变得自私与无能的时候，你又会很吃惊。你盯着孩子做作业是因为你忘了，家庭作业究竟是属于谁的。当你学会不再对他的学业成绩焦虑时，你根本不需要接下这份战帖。"你今天的家庭作业很难吗？无法解决事情的时候我也会觉得很讨厌。你打算怎么办？你可以打电话给哪个能帮你的同学呢？"

孩子们的功课本来就是设计出来让他们觉得有些困难，让他们只有下一番功夫才能做好的，这件事的本意就是如此！对这件事过度帮忙，就像是天天帮他们举重，到头来却疑惑为什么他们锻炼不出肌肉一样！让你自己平静下来，让他们去挣扎吧。让他们在挣扎的过程中主动来寻求你的帮助，但是你不必费尽脑筋地"随时陪伴在他们左右"。要知道，那是他们的问题，不是你的。

4. "我恨你！"

听到这句话你第一反应会是什么？你是不是也想对孩子说出同样愤怒的话？你是不是想说："为什么？！但我可绝对是很爱你啊，大小姐！"还是"我为你做了这么多，你竟敢对我说出这种话！"

多年前，我有一位客户，她十七岁的儿子想尽各种办法，来表达对父母的愤恨，于是决定不拆开他们送的所有圣诞节礼物，一件都不拆。整整一年，那些礼物原封不动地关在楼上的一个柜子里。那可真是一张超大战帖啊。那位妈妈很想顺着情绪的冲动接下战帖，她觉得如此痛苦，以致于很想把他丢出去，甚至每天痛打他一顿、撕毁他的东西……你想得到的她都想过了。

终于她决定把焦点放在自己身上，对于陷入困境的亲子关系，她问了自己一些非常深刻的问题。“究竟是什么原因让我们的关系走到今天这种地步呢？是什么原因让一个孩子表现出如此强烈的怨恨，甚至拒绝送给他的礼物，难道一切就只是为了要报复父母？难道他天生心理有问题？还是说一直以来我都是导致这种状况的罪魁祸首？”

在这个反思之后，这位妈妈开始问自己这世上最棒的几个问题：“我该怎样改变、该怎么修复这种关系呢？我要怎么做才可以不失去冷静，不出现冲动的反应，以致于把事情搞得更糟呢？”

“零吼叫”之道最棒的地方就是，当你打算采用它的那一刻，你就已经开始平静了。无论这位妈妈最后跟儿子达成什么协议，从她把焦点放在自己身上开始，情况就肯定有变好的契机了，因为她是根据自我的意识与自主性而行动。只要简单地退后一步、不接下战帖，就能确保自己不会做出冲动反应。然后她就可以更进一步，脱离以前的对峙模式。

5.“我不想做，而且我也不会去做的！”

这是铁手套掉在地上铿锵有力的声音。即使我是在写书，我也忍不住想要捡起铁手套，接下这张战帖。“不，你一定要去做，年轻人，你得有点自知之明了。我已经厌烦、而且听腻了你老是说你要做什么和不要做什么了。这个家可不是你说了算，现在你该接受这个事实了。”即使你没说出这些话，你肯定也这样想过，是吗？反正我是这样想过。

“零吼叫父母”会有不同的反应，由于他们把焦点放在自己身上，他们会这样反问自己：“为什么在他伸展自我意志时我会以为是在针对我呢？我是不是觉得受到了威胁？怕他不在我的控制之中？怕他会更加变本加厉？怕我会养出一个希特勒？”

讽刺的是，我们越是把孩子自我意志的伸展看做是对我们的威胁，就越容易有冲动的反应。情绪化反应只会导致更多的情绪化反应。

我再重申一次，教养的最大目标是要放手让孩子进入这个世界，让他们成为独立自主的成年人。我们希望他们能够说出自己的渴望，做出自己的选择，而且为自己的行为负起责任；我们希望他们能够安身立命，自己决定自己的人生。我们只不过是不喜欢他们在我们身上试验他们伸展的意志罢了。

“当然，我希望他在伙伴们要他试抽大麻时说‘不’，可是我不希望在我叫他进来的时候他对我说‘不’。”

我们的目标不是压抑孩子表达自我的意志、渴望和情绪，我们的目标是要帮助他们正确地表达自己。当你学会让自己保持冷静时，就可以把这种傲慢无礼看做是另一张战帖，那就可以选择不接下来。“你不打算进来吗？我想你是真的不想进来，因为平常你不会这样和我说话。我可以给你几分钟好好想一想。”

几分钟之后，你再回来给他一个选择，他可以进来或是面对别的后果，而且那完全是他自己的选择。

“呃，你不能命令我！”也许他会这样回复你，这又是另一张故意丢给你的战帖。

“你知道吗，儿子？你说的对。我不能命令你，只有你才能命令你自己。既然你可以命令自己，那你必须作一个选择，你可以在两分钟之内进来，或者你也可以在两天内不能看电视。那是你自己的选择。”

不要勉强孩子服从

现在我们来思考一个非常难解的问题：为什么我们的孩子要服从我们？他们为什么要这么做？是为了取悦我们吗？你希望他们取悦我们多久？不可能太久吧！我们希望他们是为了他们自己才决定做什么。当我们知道他们并不是出于自己的本意去做某些事情时，就会感到害怕。

那么究竟我的儿子为什么应该服从我呢？因为我说了算？因为他必须服从我的权威？必须学会服从比他年长的人？“他必

须这么做是因为本来就应该这样！”可是你从他的立场来分析过吗？为什么他必须服从呢？那对他有什么好处？他有什么动机促使自己想要进屋来，或是准时上学，或是交作业呢？为什么他必须去做这任何一件事呢？

如果我回答的是因为我认为他的动机“本该如此”，那么真正的意思就是——他的动机应该要和我的动机一样。那么这必然会是一场必输无疑的权力抗争。我透露的信息是我希望他会服从，如果孩子不是自觉地做正确的事，或是不想取悦我，不想服从我的话，我就不知道该怎么跟他建立关系。不过这听起来很像“为孩子负责”的想法，而现在我们知道这种想法会让我们处于什么境地了。要采取“对”孩子负责的模式，我们必须思考更多的问题：是什么让孩子产生动机？他们真正想要的是什么？我们可以怎样帮助他们发现与探索那些欲望，而不是接下他们的战帖硬碰硬呢？

我知道，要这样做必须改变你的思维模式。刚开始这可能会是件困难的事，而且我也不能承诺你这样就可以完全消除家中的冲突。不过要改变的还有你原本对冲突的看法。治五郎先生有这样一段名言：

> 在进行比赛之前和比赛之后，对战的选手们都会互相鞠躬。鞠躬的动作表达的是感谢与尊重之意。实际上，你是在谢谢对手给你进步的机会。

先跟你的孩子鞠个躬吧，那并不是出自臣服，而是出自尊重与感谢。希望有一天他们也会回礼，就算他们没有，你自己也得到了成长。而这正是“零吼叫教养”的真谛。我们来看看一位家长的来信，听听她实践“零吼叫”教养法的感悟。

亲爱的哈尔：

我写信来是为了谢谢你帮我解决了我四岁孩子的问题。她这阵子态度都很差，很容易不高兴，我一直找不到可以对付她的方法。前几天，她因为写不出阿拉伯数字“2”而闹情绪，我们两个人僵持了一个多小时。她努力地临摹了数字后，抬起头来，嘟着嘴说：“妈妈，我想写一个‘2’，可是写不出来。”

“你希望我画一些点点，让你照着描吗？”

“不要。”

“你希望我握着你的手写吗？”

“不要。”

“你希望我用什么方法帮你呢？”

“告诉我该怎么写。”

“好。把你的笔放在这个位置，然后……”

“不要！我知道我不会写啦！”

她大声尖叫，然后放声大哭。我真的觉得很挫败。

最后，她的哭闹发展成了愤怒的吼叫（这在我们家里是不容许的行为)，所以我把她锁到房间里，心中却一直怀疑这是不是正确的决定（而且觉得自己就像个恶毒的妈妈)。我想要抱着她，跟她说没有关系，可是我所做的每件事都不能让情况好转，而且把她锁到房间只是让她更生气。哭声终于停止了，而且数字“2”也被抛诸脑后，可是那一整天她的情绪都没有好转。

然后我学习了你写的“零吼叫”教养法，这就是为什么我会提笔写这信，我想告诉你今天发生的事情。

我们两个又杠上了。我女儿想要玩电脑，我说等她换掉睡衣(这时候是中午)之后就可以玩了。她进了她的房间，把想穿的衣服拿出来配好，这时候我则可以把电脑上的事务做个结束。一会儿，她走进来说：“妈妈，我的衣服穿不起来。”

我问：“为什么呢，宝贝？”

“我的裤子拉不上来嘛。”

“你要我帮你吗?”（我们大概要重演“数字2”的好戏了。)

“不要！”

这时候我想起了关于战帖和不抗拒的观念。“好，宝贝。如果有什么需要我帮忙的就告诉我。”

“可是，妈妈，我真的穿不起来。”

“好，宝贝。”

“可是，妈妈……”她开始哭了起来，然后走进她的房间。一分钟之后，她哭得更大声了。可是在那之后又过了两分钟（我盯着电脑上的时间），哭声停了，然后我听到她在房间里喊我。

“妈妈，我知道该怎么穿了。”

“你自己找出方法的吗？”我一边走进她的房间一边问。

“对呀！”她的笑容灿烂，我实在不敢相信。现在是下午，她坐在她的床上看书。她比昨天要快乐多了，我也是。

谢谢你的建议。

吉儿·提

写于佐治亚州阿尔法利塔市

成为“零吼叫父母”要反省的问题

1. 反省一下你的童年。当你考验你的父母时，他们是如何反应的？他们可能会有什么更糟的反应？他们可以怎样做得更好？

2. 我们都可能不止一次地说过这句话：“你必须断然迎战。”之所以这么做，是因为大多时候想要孩子按照我们的想法去做，就像是进行一场战争。你能想到更有效、更符合原则的方法吗？

3. 当孩子考验你时，你会怎么表现？你通常会很容易冲动反应吗？

4. 当你停止对抗孩子，而且顺势利用他们的攻击力道时，你的家庭可能会如何改变？

第7章

你不是预言家

语言具有潜藏的力量，有如月亮之于潮汐。

——丽塔·梅·布朗（作家）

如果你一直是对的，那一定有哪里错了。

——阿诺德·H. 格拉斯哥（心理学家）

这一章跟语言有关，但并不是要你对孩子少用咒骂的言词（不过这样做也许是明智的），这一章讲的是语言具有塑造你和你的孩子的魔力。

还记得当你望着初生的孩子时，曾怀疑过他们脑袋里面到底在想些什么吗？我记得自己曾疑惑襁褓中的孩子可能有哪些想法，他们还没有词汇来表达思想，那么是用图像或是声音思考吗？我仔细地观察孩子牙牙学语的过程，第一个完整的句子似乎不知打哪儿就冒出来了。下次当你因为孩子不听你话而感到挫败的时候，想想看，孩子是如何学习说话的？事实上从来到这个世界的那一天开始，他们就是非常棒的听众了，有很灵敏的耳朵，能够听得到我们对话里的每一个音节、转音和音调。

过不了多久，他们就开始咬字清晰地说出让我们吃惊的语句，表达出令人震撼的思想，使用让我们难为情的句子。一位名叫辛迪的妈妈就是尝到了苦头才明白这一点的。

当女儿三岁的时候，辛迪有一次带她去公园散步，那时她才幡然醒悟女儿一直认真地听进她常挂在嘴上的一句话。

那句话就是 :“你必须把蔬菜吃掉，否则就会得败血症。”

由于焦虑，辛迪经常用这话来吓唬女儿，她甚至还添油加醋地画了一张很恐怖的图画，描绘得了败血症会变成怎样。（其实她并不是真的清楚，不过就是想尽办法画了一张恐怖的画。）

然后，事情就注定会发生在一个超级不恰当的时机。

那天当她们散步穿过公园时，辛迪和女儿迎面遇上三个人。其中有一个人因为身体有残疾，所以不能正常地走路。当她们在人行道上与这三人擦身而过时，辛迪礼貌性地点个头打招呼，准备继续往前走。

然而三岁的女儿却停下来，回过头，双手叉腰，然后气呼呼地斥责 :“他就是因为没有把蔬菜都吃下去才变成这样！”

几乎所有的父母都遇到过这么一个尴尬的场景，当然不乏更劲爆的。这个故事说明了我们塑造家庭环境的另一种工具——语言。语言专家一直在努力强调，父母在塑造孩子的思维模式上有极大的影响力。语言主宰了所有的互动关系，是所有人与世界联系的工具。语言给予了我们表达思想的词汇，让我们在人际交往中有章可循，也让塑造我们世界观的故事得以流传。

这些你可能都知道，并且你也为语言的力量而惊叹。但你也许不知道，你平常的用词还有对孩子的评论，实际上会极大地影响他们对自己的定位。

SCREAMFREE
PARENTING

教养某种程度上是因果法则，种下什么因，就会结出什么样的果。

——陈美运

《好孩子的成长 99% 靠妈妈的鼓励》

如前三章所说，保持冷静有助于创造孩子需要的空间，也能让孩子享有足够的自由去独立成长。然而当我们给自己的自由划下界限时，就能尊重他们的自由。提到我们的言论自由，尤其是当我们评论孩子的时候，就有必要约束一下了。总之，我们对他们作了太多的评论、比较、分类和预言，该是喊停的时候了。

成为“零吼叫父母”意味着，我们不能被焦虑驱使，去给孩子的性格贴上标签，预测孩子未来的命运。让我们先来看看贴标签的力量。

那些可能误导孩子的“标签”

关于贴标签，每个人都可以回想起一箩筐的故事。即使只是不经意的形容，最后也可能导致很具破坏性的影响。标签有着恐怖的能力，附在一个人身上的寿命远远超过合理的时间。你也许曾听过两个已成年的姐妹仍旧会形容自己是“较漂亮的”和“较聪明的”。如果是两个儿子的话，那通常会是“较有运动神经的”和“较聪明的”，等等。标签影响着我们所有人，每个人身上都粘有几张标签，就像是用黏性最强的便签纸黏上去的。

看看父母们经常使用的一些标签，有哪几个这么多年来一直附在你身上呢？

◆ 有天分的

- 潜力很大
- 搞笑的
- 成绩不好的
- 反应有点慢
- 懒惰的
- 乱花钱的
- 懒散的
- 意志坚定的
- 美丽的
- 有演戏天分的
- 从来不需要我们担心
- 有点捣蛋的
- 瘦小的
- 骨架粗大的
- 很努力的
- 有明星架式
- 害群之马

并不是所有的标签听起来都是不好的对吗？可是你要知道，这些标签都有作怪的能力。你看到贴在你身上的标签了吗？如果没有，再多想一下。

现在把你的标签大声说出来，想想这个标签是怎样影响你对自己的定位。它是如何影响你作决定的呢？如何影响你的职业选择？伴侣选择？至今仍然如何影响着你？

奇怪的是，通常这些标签都看似正确。毕竟，这些标签并不是从天上掉下来的，相反，通常都有一些外在的特征或是行为模式为根据的。例如，约翰虽然表现出不错的聪明才智，但是有一年考试考砸了，所以，他就永远都是一个“成绩不好的”人。苏茜在七岁的时候，每过一阵子就会大发一次脾气，所以她永远都会是“脾气不好的”。

不过请注意，你不是预言家，你也不是遗传学专家。你不能根据自己的直觉或根据他们的生理、心理或情绪的特质，就去预言孩子最后会变成什么模样。

“你知道的，他的脾气是从他爸爸那里遗传的。”

你怎么会知道？脾气是一个孩子可以得自遗传的一种生物特征吗？或许那是一种后天习得的反应呢？科学家们对这些问题还有很大的分歧，难道你具备了连科学家们也没有的充足知识吗？

“你知道的，她将来也会有洁癖，就像她妈妈一样。”

为什么你要下这么一个诅咒呢？只不过是因为你的孩子在某段时间里表现出某种行为？但那并不代表会一辈子烙印在他们身上。只不过是因为有个阿姨或是老师，随意地在他们身上贴标签，但那未必就是真的。我们那么急于给孩子下断言，而且只是根据生命中的一些小片段，却没有从更宽广的角度去探究其他的可能。一旦我们将孩子贴上了标签，就算只是无意地去评论他们的某种特质，都严重地限制了他们的空间，我们很可能会妨害他们未来的发展。贴标签让我们扼杀了孩童时期本来应该有的好奇心，不过贴标签并不是唯一能够杀死孩子好奇心的方法。

一句不经意的话，可能影响孩子一生

那年我四岁，我哥哥杰五岁。我们在奶奶家过圣诞节，所有的亲戚都在。我和杰正在地板上玩新买的乐高玩具，这时我们亲爱的奶奶注意到一件事。她看见在我笨手笨脚地把两块积木拼在一起的时候，哥哥正忙着盖泰姬陵或是某座雄伟的建筑。

"天啊，哈尔将来得靠他的脑子赚钱过活了，因为他肯定没有像杰那样灵巧的双手。"

你看，这只不过是一个不经心的评论。我慈祥的奶奶说那句话绝无恶意，而且整个家族的人也都把这当成是一个有趣的发现，一笑置之。不过这句评语竟能生根发芽，有时候人们说起这句话只不过为了好玩，但大多时候都是有所指示的。从那时开始，只要我哥哥用手创造了一个作品，或是建筑什么的，大家一定会说："你知道的，奶奶总是说杰将来一定会靠他的双手过活的。"

你再想，每当我在学校有了什么优异的表现时，家族聚会时大伙会怎样说呢？

"你知道的，奶奶总是说哈尔将来一定会靠他的脑子过活的。"

现在，三十年过去了，今天我还需要跟你说，我哥哥曾经做过哪几种需要动手的职业（厨师、兽医助理）吗？至于我，奶奶说的也没有差太远。我现在是一位亲子专家，我的工作与其他人脑袋里的东西有关。这都是奶奶的话害的吗？当然不是。可是这的确是有一点神奇。

所有的人都可以举出一个类似的故事。虽然很难去评判贴在我们身上的标签有几分影响力，我们却不能否认：标签的力量都很大。在这里我要再来谈谈亲人。新手父母周围有家人的支持是非常重要的，但是这通常也很可能会使家庭变成冲突四伏的战区。

有一位新手妈妈给自己六个月大的儿子喂母乳，小婴儿总是哭闹不休，尝试了几个方法，都徒劳无功。

因为觉得很厌烦，她的父亲怒吼：“我真的搞不懂为什么你不肯给他喝牛奶。你这么小的时候，牛奶都喝得好好的呀。”

这位新手妈妈回答说，现在大家都已经知道新生儿的肠胃在一岁以前不能适应牛奶，可是她的观点并没有被父亲接受。

“你那时喝得好好的，这孩子当然也可以喝。”她的父亲顽固地说。

从这位妈妈还是个婴儿到现在的这段时间里，我们已经把人类送上了月球，每个美国人家里装上了电脑，也通过因特网与世界接轨了。难道我们在婴儿的营养需求方面却没有任何的进步？然而，当我们选择的教养方法有异于我们的父母时，就是在质疑他们在为人父母上是否称职。

《离开父母的零吼叫指南》(*A ScreamFree Guide to Leaving Mom and Dad*)快要上市了,《零吼叫教出宝贝孙》(*ScreamFree Grandparenting*)也在撰写中了。但在这些书出版之前，请先了解，人们很喜欢去分类、比较，以及对照。因为这么做似乎有助于大家了解孩子。毕竟，如果我们不了解孩子的话又哪里够格当父母呢？我们已经身经百战，经历过无数餐桌上的风暴，以及难眠的夜晚了。所以，当他们试着要去这个世界冒险时，比如去别人家过夜，我们便会给出一张清单，让这个心眼单纯的孩子认清状况。

“你知道，他们家长很好啰唆哦！”我们警告。

当他们回到家说一切都很顺利，而且他们晚餐时还吃了青豆，我们又会想把他们重新归位：“可是你并不喜欢青豆啊！”就好像他们的好恶都已经定型了似的，好像我们得防止他们爱上新事物似的。为什么会这样？因为我们内心里有焦虑，很喜欢去作预言、去分类，而且喜欢去贴标签。这能帮助我们给自己的世界建立一些秩序，让我们有参与感，感觉有控制力，感觉有能力应付前方的任何未知状况。可是这对我们的孩子会产生什么样的影响呢？

所有的“标签”都是不好的吗？

这里有一个很重要的事实——你对孩子作的评论比对他们说的话更重要。从这个观点来看，甚至像“爸爸的乖女儿”和“妈妈的乖儿子”这种听起来无伤大雅的话，都有令人难以想象的强大的力量。这样的话背后暗藏着什么意义？“爸爸的乖女儿”？真的？他拥有她吗？当她变成一个少女，长大成人，为人妻为人母的时候，她还是“他的”吗？什么时候她才会变成她自己的？让我们再来看看“妈妈的乖儿子”，这个用语会对一个男孩子的自我意识和男性意识造成什么样的影响？我们也许只是有感而发、不经意就把这些话说出口，可是这些标签却有不可思议的力量，会一直附在我们家人的生命当中。

比如说“搞笑的”和“很努力的”这两个标签。这些听起来并不像是不好的评语。相反，还是很好的呢。但这些也是很可怕的标签。

如果你常说：“梅根就是这么搞笑的人，她总是惹我们发笑，让这个家充满生气。”

这话梅根听多了，她就会这样想：“我在家里的任务就是要让大家开心。即使我并不喜欢这样，我还是必须尽全力去当一个搞笑的人。因为妈妈是这么说的，说我让家里充满了生气。”

如果你常说：“我们家的迪伦就是这么勤快的人。只要是做家务的时候，他总是孩子们最好的榜样。”如果迪伦并不想带头工作，那又会怎么样呢？

我们贴的任何一种标签，无论看起来多么正面，都会妨害孩子们发展的自由。

身为父母的我们必须为孩子的进步与发展而努力，必须帮助每一个孩子成为这世上独一无二的人。不去阻碍孩子的人格发展，不自以为是地在他们身上贴标签，那就是给了孩子一份很棒的礼物。不去拿他们跟其他的兄弟姐妹作比较，不允许亲戚们对他们贴标签或者分类，他们就能自由地探索自我，发现自我——这是多么好的一件事啊。

然而，我们必须从自己的内心开始，发乎自然地去克服我们试图给孩子贴标签的欲望。想想看，只不过是因为孩子最近几次睡觉不老实，我们就已经做好迎战准备，完全不顾这个不断变化的孩子这次也许会有完全不同的表现。虽然我们已经觉得很挫败了，可是必须坚信这个事实，那就是孩子过去的表现永远不能代表他未来的表现（跟股市一样）。从来没有一个人会永远是一个样子。没有人永远都懒惰，或永远都聪明，或永远都目中无人。你的孩子去年考试成绩不好，那并不一定表示他以后年年都会成绩不好。谴责我们的孩子永远不会有什么好结果的。

让孩子远离“标签”的方法

当你认识到标签的惊人力量，想要让孩子远离标签，下面这些实用的方法可以帮助你。

1. 改变你的言辞

改变你的言辞可以很好地保护孩子免受标签的侵袭。把“总是”“从来没有”“一直”和“常常”这些严厉的字眼从你的字典里永远删除。当你能用更符合事实、更宽容的三个字“可能会”来取代“总是”时，你会很惊讶地发现，你对于孩子所抱有的看法会如何转变。这表明你已经接受万事万物都会改变的事实，而改变是人类根深蒂固的天性。

举个例子。下一次当你女儿拼命抱怨她运气不好时，压抑住你的冲动，别说 :“你总是这么夸张！”

相反地，暂停一下，深呼吸，然后对她说 :“只要你情绪不好的时候，你真的可能会很夸张。十二岁这个年纪一定很难熬，我几乎都记不得自己在这个年龄是什么样子了。”

这个小小的改变批评了她夸张的情绪，却不会把她锁定在一种“个性”中，不会阻碍她改变自己。

2. 随时准备迎接孩子的变化

不管你相不相信，你的孩子一直不断地在寻找新的机会，开启新的模式。可是因为人际关系的互动总是需要其他人的参与，所以这种改变会很困难，就好像没有换舞伴却要改跳别的舞一样。他们不能去选择别的父母，所以这一切就必须依靠你的改变。

身为父母的我们，必须持续地、始终如一地期望他们变成最好的自己。这绝不是异想天开地要求他们突破某些不可能的极限，也不是说在他们犯错时，睁一只眼闭一只眼。不过你不可以让孩子的错误行为决定你对他们的感觉，并对他们失去信心。尽管孩子过去失败了或是犯了错，我们都必须继续为了让他们发展出最好的人格特质而努力，必须为了让他们永远都可以改变而奋斗。

3. 为孩子的进步呐喊助威

你的孩子是不断进化的作品，他们的人生充满了未知，个性也还没有定型，连外表也还会随着时间而改变。你必须为孩子持续进步而呐喊助威。这表示你要拒绝家族成员将他们作分类或是贴标签，这表示要坚持寻找出他们最好的特质，作为评判他们能力的指标。最重要的是，你要不断检视你自己的内心，并抚平最深层的恐惧：担心孩子依靠自己作抉择，会变得很暴躁，或是很消沉，或是走上歧途，或是找不到工作。

你是最能影响你的孩子的人，你对他们的想法和评论也许比这个宇宙中其他任何外力更能塑造他们。成为他们进步的拉拉队员，为他们的成长助威吧。

4. 离开你的父母

你已经长大了，有了自己的孩子，现在过的是一个成人的生活，对更多人有更多的责任。这表示你已经到了应该离开鸟巢、展翅高飞的时候。我知道，你已经不再与家里的人同住，可是那只不过是从地理上来说而已。有人说，脐带是宇宙间最有弹性的东西了。独立是你人生中最重要的旅程，而且绝非易事。

随着你越来越成熟，来自父母的支持也应该要越来越少。你必须积极地让你与父母之间的关系变为一种成人对成人的互动模式，这样在你教养自己的孩子时才不会觉得心虚。

5. 知道何时喊停

最后，我们必须认清自己想将孩子的行为分类的欲望，说穿了，这股欲望完全是另有所图。事实上，我们只是想证明给自己或是别人看，我们的孩子的的确确是属于我们的。然而，他们并不是真的属于我们，他们是属于他们自己的。当我们把他们分类到某种特定的行为模式，就是在限制他们无穷的潜力，就是在限制他们探索事物的机会，就是在剥夺他们生命中唯一可以确定的事——改变。

所以，学会在该喊停的时候喊停吧。

多年前，在我们的孩子刚出世的时候，我们给他们取了名字，让我们就在那里打住吧。

成为“零吼叫父母”要反省的问题

1. 你是被贴着哪种标签长大的？那个标签在你成年时如何继续深深地影响着你和你的决定？

2. 你已经在孩子身上贴上了哪些标签？

3. 如果你坚定地不给你的孩子贴标签、作预言或是作比较，那么你对他们的评论会如何改变？

4. 上一次孩子的行为表现大大出乎你的意料时，你是如何反应的呢？

5. 如果你在改变与孩子的互动模式时都不去预测他们的反应，事情会有什么不同的发展？

那是我所辅导的一位客户，名叫罗伯特。罗伯特在他的女儿杰西卡刚出生没多久就离婚了。他跟前妻离婚后的关系一直很糟糕，最后也殃及他与女儿的关系。突然有一天，罗伯特的前妻被发现得了癌症，很快就去世了。当时杰西卡只有十岁，她必须承受超乎她的年纪所能承受的悲痛。如今，她只能搬过来跟父亲以及父亲再婚后的家人同住。更糟的是，她必须在学期中途转到新的学校，重新适应环境。

罗伯特面对新婚妻子和她的孩子已经是应接不暇，如今又要面对这个挑战，接纳他那个深受打击的女儿，再加上内心对前妻之死的复杂情绪。他需要空间，而且必须避免自己误闯杰西卡的空间。父女俩都面对着成长上的艰难挑战。

杰西卡很坚强，但毕竟年龄小，还是没办法承担太多。在母亲节前的那个星期五，罗伯特接到了学校打来的电话。班上的同学们正在制作母亲节卡片，可是杰西卡却独自坐在座位上默默地掉眼泪。当罗伯特赶到教室的时候，她已经哭得不能自已。他自己也不禁被一阵情绪的浪潮淹没了，他很心疼女儿。

然而，事实上，他也觉得很麻烦，甚至对这整个状况感到愤怒。他可以选择让自己变得苛刻又怨恨，但他选择了成长。从那天开始，罗伯特和杰西卡就以一种他们永远都不会忘怀的方式紧紧联系在一起。

罗伯特带杰西卡离开之后，当天便没再送她回学校去了。他打电话到公司，说他星期一才能回去上班。然后他们两个人去商场买了一些氦气球和麦克笔。他们来到附近的一个公园，在那里，罗伯特跟杰西卡解释说，不能因为妈妈死了就不送母亲节卡片给她，只要卡片能顺利送达天堂就可以了。

他教杰西卡在气球写上想给妈妈说的话。这位伤心的小女孩写道："我想你，妈妈。我爱你，妈妈。我等不及要在天堂见到你了。"

在她写完之后，他们试着预计气球飞到天堂需要多长时间，然后罗伯特在他的手表上设定了闹钟。

罗伯特利用那段时间倾听杰西卡的心声，为她创造了一个探索自我情绪的空间。她从回忆和妈妈在一起最幸福的时光说起，到最后把她心中对于妈妈的死和后来发生的一切改变的所有怒气都发泄出来。这份怒气也包括她不得不适应跟爸爸、继母和新的弟妹共同生活这件事。这一切的改变实在是太多了。

在杰西卡批评他的新任妻子和她的孩子时，罗伯特大可以选择为他们辩解。在她述说从前和妈妈住在一起有多好时，他也可以表示不赞同。但罗伯特都没有这样做，他选择了保持平静，让女儿探索她自己的空间。

当闹钟响起的时候，这对父女彼此紧紧地拥抱着对方。

“爸爸，妈妈是不是收到了我的卡片？”

“是的，宝贝。她现在正在读呢。”

罗伯特并不是一位天才，他是一位困惑又矛盾的男人，但也是一位勇敢的男人。他选择了将自己的情绪暂时摆在一边，帮助他的女儿整理出自己的思绪。他清楚地知道自己的心路历程与女儿无关。在事情非常棘手的情况下，他选择了以这样的方式对女儿负责。而在那个过程中，他也让他们的关系发生了革命性的改变。

第三篇

保持冷静，意味着划分“领土”

如果孩子可以永远都不犯错，永远都聪明地行事，永远都不必尝到痛苦、受到教训，永远都不会犯下我曾经犯过的错，那有多好啊！……然而，这样天大的好事并不会发生。我该怎么办？

一位喜剧演员说的这个故事发生在一个炎热的周六午后。在整个上午的除草工作之后，他走进屋里，却发现屋子里爬满了小孩子。这些小家伙当中有几个他甚至还不认识，彷佛整个小区里全部十三岁以下的孩子都出现在他的屋子里。

他觉得很热、很累，还有点搞不清楚状况。他现在渴望好好洗个热水澡，舒解背和肩膀的酸痛，也可以逃离满屋子的疯狂喧闹。

从头到脚泡在肥皂泡沫里，他感觉到身上的酸痛逐渐褪去。可是就在这时他听到了怪怪的声响——浴室的门被推开了。接着就传来咯咯咯的笑声，一听就知道是两个五六岁大的小女孩。他正要赶她们出去的时候，浴帘被刷地拉开了。

他的女儿站在那里，一边指着他身体的中间部位，一边教育她的朋友。

“看！”她解释道，“我就跟你说吧！”两个小女孩大笑起来，然后一溜烟跑出了浴室。

小孩子就要懂得分寸，知道自己应该待在什么地方！

正如空间指的是我们跟自己的关系，所谓领土，指的是我们跟其他人的关系。当你的空间碰撞到别人的空间时，就会发现你的界限，你就会了解自己的领土范围了。

领土既保护我们的自由，也限制我们。事实上，有自由却没有限制会是一场灾难，有空间却没有领土将会是一团混乱。没有领土就没有规矩，没有对错，没有办法分辨好人与坏人，不可能防御入侵者，完全无法管理生活。

身为父母的天职就是要帮孩子们制订规矩，确保每个孩子在家里都有一个领土。在他的领土里，他会作为家庭中的成员，同时被看做独立的个体。问题是，你是以焦虑反应来划分“领土”，还是用原则呢？

第8章

孩子在家中要有规矩

只有在你的孩子为晚餐付账时，才去问他想吃什么。

——弗兰·拉波维兹（作家）

我妈妈的菜单上只有两个选择：吃或不吃。

——阿诺德·H. 格拉斯哥（心理学家）

如果请孩子描述他们理想的家庭生活，大概可以得到这样的回答："可以做我想做的事，我想做的时候才做，我爱做多久就做多久。"

听起来很像在放大假。放假很棒，对吗？想起床的时候才起床，一直穿着睡衣到中午，早餐想吃什么就吃什么。能够从一成不变的生活中解脱，放纵一下自己，孩子们喜欢这样，我们也喜欢。

但我们的热情大概只能维持三天左右，便开始觉得浑身不对劲。我们开始厌倦欠缺固定作息和过于充分的自由，开始渴望家的熟悉感，以及固定作息的舒适感。身为成年人，我们很清楚这一点。然而，孩子却缺乏这层认知，不能明白连续五个小时看《海绵宝宝》，和一块接一块地吃奶油巧克力蛋糕，实际上会把他们害惨的。

当孩子在家中的生活规矩太少的时候，奇怪的事情就会发生。

他们可以选择自己要做什么事、什么时候做，然后备感挫折地发现自己并不快乐。这种家庭的父母会两手一摊，生气地想：“为什么他们还不开心？我们都让他们得到想要的啦！”

然而，孩子说他要的不见得就都是他真正想要的。（很少有年纪小的孩子会说他想要有规律的家庭晚餐和固定的就寝时间。通常，缺乏这些规矩的孩子状态好不到哪去。）

稳定与规矩是一个健康家庭必备的要素。我们有责任为我们的孩子在家中安排一个地方。然而我们经常都是抱着错误的态度看待这个责任，仿佛这个工作就是叫孩子乖乖待在他们该待的地方，“不要越雷池一步”。这种被焦虑驱使而强调处罚，甚至让孩子出丑的教养方式并不是我要说的。最好的态度是像帮每个人在餐桌上安排一个位置那样。冷静、前后一致，认真地去安排餐位是你对家人的责任。

我们这里要谈的是生活规矩。

你会说：“规矩？那是什么？”

规矩听起来像是在别人生活里才会有的事情，事实上世界上还真的存在那种生活有规矩的人。这些人有很好的方位概念，他们知道什么事物“适合”放在什么地方。

在这些人的家庭中，这是一种默契。家庭里的每一位成员都有他们的领土，而且知道那是什么样的地方。也就是说他们每个人的角色定位明确，长幼有序，并且清楚了解可以作什么选择以及这些选择的后果。

在“快乐”和“规矩”间寻求平衡

在《养出你能够忍受的孩子》一书中，杰米·莱瑟让我们了解了教养所具有的双重特性。教养，有个人层面，也有业务层面。个人层面包括了享受天伦之乐等元素。这些元素都存在于特别的时刻，会让我们感恩到想下跪，喜悦到想跳起来。这些会让我们十分渴望跟任何肯倾听的人谈起我们的孩子。你有没有这样的同事，似乎他每天都会聊起他的孩子又做了什么很逗趣的事情？还是你就是那个人？

至于教养的业务层面就不是那么有趣了。业务层面包括的是家庭生活的基本运作：设定规矩、执行处分、规定回家与就寝时间，以及提供基本的温饱与安身之处。还有督促他们完成学校功课，甚至还包括教他们如何打扫厕所。

你得让你的孩子和你在一起时感到快乐，并且你也得让他们知道你拥有的权力。这些事情全都必须到位，才能让一个家庭健康地运作起来，不过怎么进行则因家庭而异。通常，父母之中，会有一位执行业务层面，另一位则执行个人层面。常见的是，妈妈扮白脸，爸爸扮黑脸，有时也会角色对调。当然有时候这两个角色的分割也不是那么清楚，也许爸爸对小女儿来说是慈爱的（而小女儿和妈妈却不断地发生争执），但对两个儿子却事事要求完美。或者妈妈跟大女儿就像是好“姐妹”，但对待儿子却很铁腕（通常是为了想把他训练成一个比爸爸更好的男人）。

要在个人层面和业务层面之间取得平衡，当然不容易。然而，家庭运作中的铁律是——平衡一定会自然产生，即使并不一定是最理想的平衡。更普遍的情形是，个人层面和业务层面之间的分界线会模糊，几乎难以辨识。

吉姆，一个离了婚、有两个处于青春期女儿的父亲。他很珍惜跟女儿们在一起的快乐，但同时也很讨厌制订规矩和执行处分。所以，他与女儿之间的相处模式就是，他会一再地恳求她们遵守规定，为此他会送给她们很多礼物并允许她们延迟回家。当孩子们还是一再违反规定时，吉姆就会气得大发雷霆：“我给了她们这么多，只不过是为了想跟她们一起快乐地过日子罢了！为什么她们就是不能听话，非要让我像现在这样大动肝火呢？”

吉姆认为孩子们违反规定就是在故意针对他，而他就会火冒三丈。然后，在他冲动地大发雷霆之后，又会感到无比地内疚。到了最后，他就让这份愧疚感战胜了自己，不对她们做出应有的处罚。当然，恶性循环的结果是，他的孩子们更加不尊重他的权威，甚至连最宽松的规定都不愿意服从。最后，个人层面和业务层面之间的模糊不清导致两方面都以失败收场，既丢了快乐，也没了规矩。

“零吼叫”也可让孩子守规矩

“零吼叫教养”可以帮助你把教养的这两个层面分开，带领你

SCREAMFREE
PARENTING

习惯是通过不断重复某种行为而产生的。重复次数越多，习惯就越根深蒂固，但我们也可以通过不断重复截然不同的行为来打破业已养成的习惯，培养截然不同的习惯。

——莫提默·J. 艾德勒

《如何阅读一本书》作者

引自《不抱怨的世界》

和你的妻子（或丈夫）发展出内在的平衡。也就是说，为了建立家庭秩序，你可以对孩子严格要求，但却不必牺牲你渴望的欢乐与温情。

当你学会平静自己的时候，要执行原则就简单多了。正如你教导孩子，任务和玩乐要有很明确的准则。（没错，没有做完你要做的家务之前不可以出去玩。）为了能够充分地享受个人层面的教养时光，首先你必须先做好业务层面。

把个人层面做好意味着要伸张你一家之主的地位。就像安排餐位一样，你要让每一个人，包括你自己在内，都可以享受一顿美好的晚餐。这意味你要为孩子划分他们的领土。在你认同孩子需要自己的空间的同时，你必须表明你自己也需要空间。要以就事论事的态度，不带焦虑，对他们把你的要求和规矩讲得清清楚楚。因为你已经努力地给孩子们创造空间，所以请他们遵守规矩并不过分。当你成为冷静又镇定的一家之主，你并不需要靠孩子的顺从来彰显自己的地位，你会以尊重的方式来管理家庭，并期待大家服从。

然而，有些父母却因为拼命想要控制并不可控的东西，一下子就跑到专制的角色去了。假借对未成年孩子尽职的名义，掩饰自己内在的心虚与害怕。这并不是“零吼叫教养”制订规矩的方法。

制订家规意味着要把焦点先放在自己身上，并且努力发展新的互动模式。如果孩子们一而再、再而三地犯错，那么你就会变得很容易把焦点放在他们身上。

可是问题是，每一种行为模式所牵涉的往往不只是单方面的人。如果你发现孩子目前就存在某种行为模式，你多多少少也促成了他形成这种行为模式。

要对事情有帮助，就得将焦点放在你在这个模式里所扮演的角色，不要把所有的过失全推到你自己或是另一个人的头上。这不过就是一种模式，没什么大不了的。

而所有的模式都可以改变，只要改变模式里的某个角色——也就是你自己，那整个模式自然就改变了。这也再次证明，把焦点放在自己身上是有百利而无一害。

吉姆，我们刚才提过的那个父亲，最终学会了少将焦点放在孩子们不守规矩的行为上，而多将焦点放在他自己没有制订和维持一套明确的规矩这件事上。当他越是认真地制订规矩，就越觉得孩子不服从不是在针对他。而当他越来越认为孩子不是在针对他，一段时间后，孩子们也就越来越尊敬他了。

下面有一个事例可以证明这一点。吉姆离婚后有一个女儿被判由他前妻抚养，为了方便女儿周末来往，吉姆给她买了脚踏车。所以每当看见孩子骑着脚踏车的时候，他都会升起一股莫名的快乐，因为那表示孩子很享受待在爸爸家的欢乐时光。

可是她总是却把脚踏车留在车道上，没有推进车库去。而女儿第二天早上就要回妈妈家了。

吉姆感到心灵受伤，差一点就想大发雷霆。当初买脚踏车时，他们就讨论过必须遵守的规定，和谐地达成了共识。女儿同意每次都一定会把脚踏车推进车库，但那是在一种“有脚踏车太令人兴奋了，所以什么我都愿意”的情况下约定的。可是女儿似乎每次都把车子留在外面，结果吉姆不是大吼大叫直到她服从，就是自己把车推进去。吉姆决定再也不能这样了。在勇敢正视自己的恐惧，又对制订规矩的原则了然于胸之后，吉姆决定停止他在这个模式当中扮演的角色。

“宝贝，很显然你很喜欢你的脚踏车，这很好，可是你把车子留在车道上了。我希望不管什么时候你都可以自己作选择。你可以选择把车子推进车库放好，这样就可以把车保管好，下次你来的时候还可以骑。你也可以把车子留在车道上，那是你的选择，我不会生气，而且，我会尊重你的选择。不过你必须知道，如果你决定把车留在外面，我明天早上就会把车卖到二手车行里去。”

吉姆不用再暗暗地期望孩子每个周末来的时候，一切都很圆满，也不需担心要执行纪律和处分。如今他的想法和行动都很清楚，他的权力就是平静地帮助他的两个孩子知道他们的规矩。那就是作为一家之主的意义。那么，为人父母要完全承担和伸张权威会面临什么样的障碍？要承担和伸张一家之主的地位时，多数的父母必须应付什么样的焦虑？

与孩子成为好朋友有助于教养吗？

你爱你的孩子，你喜欢花时间跟他们在一起，你喜欢跟他们在一起时的欢乐，你喜欢那些亲子交心的美好时刻。因为这些情感非常强烈，所以我们很容易就会违背原则，向孩子妥协。身为一名亲子专家，每当我听到父母和孩子之间出现了“好朋友式”的关系时，就会担忧。

因为，这种关系对孩子是有害的，而且已经有很多专家证明过这一点了。

这种“好朋友式”关系形成的诱因经常是父母本身没有从他们的双亲身上获得、也没办法从自己的朋友关系中得到某些东西，而产生的补偿心理。

父母们通常意识不到这段心路历程，认为自己只是单纯地爱孩子，只是在做对孩子好的事情而已！他们喜欢花时间跟孩子在一起，而且非常珍惜那些交心与感动的珍贵时刻。这种亲密关系令人着迷，尤其当孩子年纪越来越大，这些时刻总像昙花一现、稍纵即逝。所有的人都向往，并想紧紧抓住跟孩子共有的那些温情快乐的时刻，甚至是友谊。有不少家长甚至还会因为自己能和孩子成为“好朋友”而倍感自豪呢。

不过这种“好朋友式”的教养之道可能会对家庭造成什么影响呢？太过依赖孩子填充感情的空虚的话，父母制订规矩的决心就会被削弱，因为他们已经不再有一家之主的地位了。一旦父母开始寻求孩子来填补情感上的需求时，孩子就不再相信父母会始终坚定，也就不再寻求父母的帮助了。从这个观点来看，“好朋友式”的教养显然是有害的。

让孩子知道空间的界限

你应该已经了解，孩子们并没有完全把握他们的空间和你的空间的界限。所以，他们会试图去扩展自己的领土。他们脑袋里第一个想到的不会是要跟别人分享。他们会不断地说“我的”，“我的”，就像《海底总动员》里的那只海鸥一样。当大家必须在五分钟内出发的时候，你儿子就会抓狂，他在玩电动游戏，刚好就是还剩下最后一关就可以救到公主。你女儿也是一样，这时候她还需要再梳几下，才能把头发整理好。其实他们是在争取自己的空间，捍卫自己的领土，试探他们的界限。

我不是在说你应该让他们任性而为，或是允许他们自私自利，完全不予制止。刚好相反，**我们有责任给孩子创造空间，并让他们真正拥有，同时这也意味着要让他们知道，什么东西是绝对不属于他们的。**

他们一定不会喜欢你设定这些限制，不过争取自己的空间本来就是身心健全发展的一部分。扩展他们在这个世界上的空间（他们的国土），原本就是他们的职责。

孩子在需要我们为他们订规矩的同时，还极力想要争取更多领土；而父母在设定孩子空间的限制时，还得要尊重他们拥有的自由。这使得教养非常困难，不过教养从来就不是容易的事。这也是获得成长的一个好机会。

心理学博士约翰（Dr. John）和琳达·费里尔（Linda Friel）

在他们的著作《好父母做的七件糟糕事》（*The Seven Worst Things Good Parents Do*）当中，是这样说的：

> 孩子需要而且渴望规矩，他们并不知道该如何直接提出需求。在薄弱的家庭系统中，他们容易缺乏规矩。当他们习以为常后，就再也不可能把已经到手的权力放掉。
>
> 这时，父母和孩子会陷入极度的两难，双方都想要被对方喜欢，因为他们都深爱也关心对方，但是双方真的都需要规矩。
>
> 可以肯定的是，提供规矩绝对不是孩子的职责，而且在下意识里，孩子其实是懂这一点的。

换句话说，孩子希望父母会让步，可是他们也希望他们能坚持立场。而要处理这个矛盾的局面，父母就要给孩子指令（instruction）。这个词，是由“入（in）”和“规矩（structure）”构成的，顾名思义就是“把规矩带入”。

有了这一层了解后，我们就知道给孩子指令并不是仅仅告诉他们要做什么，还必须把规矩带进来。有时候孩子们会抗拒这些规矩，可惜的是，这时候很多的父母就会“吼叫”，不是大发雷霆，就是逃避；要不然就是更大声地把指令重复一次，再不然就是彻底放弃。因为与在面对孩子的违逆时还继续坚持原则相比，“吼叫”是比较容易的。

“零吼叫领导”：制订规矩的最佳方法

在过去这半个世纪以来，很多社会改革都以反对阶级制度为目标。举个例子，像20世纪60年代就流传着这么一句话：“绝对不要相信任何年过三十的人。”至今我们仍然可以看到汽车保险杆上的贴纸口号“不要相信权威”。很多团体也一直以挑战社会结构来寻求改革。这些运动有一些已经让社会进步，例如终结了种族隔离和为女性争取到平等权力等。

可是有些对权威的反抗却过度了，否认了所有阶级制度存在的必要性。有些人认为权威很容易被滥用，于是主张丢弃所有的权威结构。可是，这根本就是因噎废食。权威很容易被滥用，并不表示就要将所有的权威通通摈弃。

完全没有权威，尤其是在孩子的生活上，就跟滥用权威一样可怕。我们不能不假思索地滥用权威，我们需要的是“零吼叫领导”，一种尊重自己角色的领导方式。

我们这里谈的平衡，是无论如何都不会过犹不及的东西。当你制订家规的时候，必须保持平衡，这样才能避免走极端。

你可以选用一套过度民主的规矩，没有权威，只靠全体家庭成员的自觉。到最后注定会造成无政府的混乱，每个人都急于宣称自己拥有无限的空间。

或者你也可以选用一套过度独裁的规矩，凡事都只能遵循严峻、专制的规定。这种规矩到后来也会造成混乱，成员要不就是百般无奈地顺从，要不就是死命反抗。

为了进一步说明，让我们回来谈谈安排餐位。在无秩序的家庭中，晚餐永远是随时都可以吃的，想吃就吃、拿到什么就吃什么。虽然这种家庭营造出的是一种看似“自由”的气氛，实际上却是毫无章法的，因为每个人的肠胃都会变得紊乱，三餐也变得极不规律。真正危害的其实是家人的亲睦和谐。

在过度刻板的家庭结构中，晚餐就不只是强制性的，而且是整个家庭生活的主轴。白昼较长的夏天也不能在外面稍微玩久一点，用餐的座位不允许随意更换，不可以端着餐盘，也绝对不可以边吃饭边看电视。在这种情况下，个人的空间得不到尊重，孩子们绝对不可以自由发言，提出异议，或是表达个人好恶。

最常见的是，父母在无秩序与绝对独裁之间来回摆荡，让孩子无所适从。这种家庭会有好几个星期生活毫无规律，然后，当焦虑的父母终于受够了的时候，就会重新开始执行“从现在起”这类严格的规矩。这种焦虑的反应从来就不会让任何人发生改变，只是徒然让父母精疲力竭又深觉不受感激，甚至还会感到绝望。一旦父母没有将焦点放在自己的行为上，而是放在孩子的行为上时，这种事就会发生。他们不再去思考，自己对家人的责任就是成为家人所需要的冷静的主控者。而在权威真空的状态下，得到父母全副注意力的孩子们，最后通常就成了发号施令的人。

这不是在危言耸听。我曾经亲眼目睹许多父母竟然容许他们的孩子变成家中的总司令。

让我们来看看曼迪这个讨厌吃晚餐的孩子。她讨厌的不只是餐桌上的东西（不过她是真的很不喜欢吃东西），而且还很讨厌跟家人共进晚餐。当母亲要求她坐到餐桌上的时候，曼蒂就会哭闹地拒绝，她坚称自己并不饿。可是在家人吃过晚餐才半个钟头，她就说想吃宵夜。

这个小女孩只有三岁，已经很清楚地知道，要怎样做才能让家人顺自己的意。她有一件很强大的武器，就是她那对惊人的肺。她需要做的就只是尖声大叫，她的家人马上就会俯首听命，然后她就可以免除吃晚餐的“痛苦”。她的父母来找我，是因为他们觉得被她的哭闹绑架了。

他们是被绑架了，不过并不是被她的哭闹。他们是被自己因为孩子哭闹所产生的焦虑给套住了。我仔细地听着这位母亲激动的描述。

“她就是不肯上餐桌来！我们真的想放弃了。”

我问道 ：“如果你们不顺从曼迪，可能会发生的最糟糕的情况是什么？”

她不假思索地回答 ：“我们从来没让她哭闹到她自己放弃。她会又吼又叫，直到我们让步，让她看电视为止。我想我真的没办法忍受这样的场面。”

“所以，你是说，事情最糟的情况，就是一个孩子哭闹几分钟？”

“你不了解。她是真的在尖叫。她只要一大声叫，喉咙就会沙哑三天！”

在我作出回答之前，那位父亲就打断了我们："等等，那真的有这么糟吗？那真的比我们想教导她却又不断地让步还要糟吗？我是说，我们可以忍受一阵子尖叫，不是吗？"

房间陷入一片沉默。即使是当我们的孩子已经失控的情况下，我们还有让自己冷静下来的能力，这就是制订规矩的最佳之道。惟有我们平静下来，我们才能秉公作出决定，才能作出适当的处分，让孩子清楚地知道他的行为会带来什么后果。

成为"零吼叫父母"要反省的问题

1. 当听到"让孩子待在他们该待的地方"时，你脑海中出现什么样的景象？

2. 为了执行做父母的职权，你的孩子必须多么尊重你？你怎样才能赢得那份尊重？

3. 你希望可以建立哪些家庭秩序？有哪些秩序是已经建立并且可以继续下去的？

4. 想想看，你觉得在什么情况下可以逃避承担一家之主的职责？

5. 你认识的人当中，有谁可以平衡地施展权威，并且尊重他的孩子？这个人对你有什么启发？

第9章

要让孩子自己承担不守规矩的后果

如果我的人生重来一次，我还会犯同样的错误，只是会提早一点。

——塔卢拉赫·班克黑德（女影星）

我们的选择都会产生后果。任何选择都是这样，这是生命最根本的事实。

你也许对此有几种不同的了解。比方说，你看过最细小的雨滴落在湖面上激起的涟漪，也听过蝴蝶效应——蝴蝶轻拍翅膀导致地球另一端的飓风。我们采取的每个行动，都源于之前的一百万个行动，然后又导致后来的一百万个行动。

你知道一个领导者如何能赢得最多的尊重吗？要赢得最多的尊重，就必须为自己的行为承担责任，不论产生这些行为的原因是什么。

我们希望孩子知道他们在这个世界上的位置，而且了解什么东西会影响他们的选择。我们希望他们为自己的选择负起责任，并且有尊严地接受行为的后果，无论结果好坏。那就是我们希望孩子具备的成熟，也就是我们一直在谈的自主性。

你希望孩子长大，能为自己的行为负责吗？那么你必须做的，就只是把后果请进你的家门。真的就是这么简单。

如果你开始把后果请到你家，那你必须先学会承担这个行为的后果——而人类自古以来就一直在逃避后果。更困难的是，你必须学会在孩子承受自己行为的苦果时，做一个旁观者。

接受犯小错的惩罚，才能避免将来犯大错

玛丽安是一位有着四个孩子的单亲妈妈，她跟十四岁的女儿茱莉亚陷入了一种令人沮丧的模式。早晨对她们俩来说似乎变得越来越难熬。从她们家走路就可以到茱莉亚就读的学校，可是她却偏要妈妈上班时开车顺道送她上学。每天早上茱莉亚都会拖拖拉拉，而妈妈就是唠叨和吼叫。这种模式已经在这个家持续了很长一段时间，而且正在伤害母女关系。可是有一天早上，玛丽安不吼叫也不唠叨，她决定把焦点放在自己身上，决定停止在这个模式中所扮演的角色。

她对女儿说：“茱莉亚，我十分钟内就要走了。如果你还没准备好，我还是会走。你自己决定，要不要搭我的车。“

这并不是一个厉声吼骂的威胁，也不是要孩子看在妈妈的份上顺从一下的焦虑恳求。玛丽安只是简单地、以平静而且明白的口吻陈述。在叙述中，她刻意强调茱莉亚在这件事情上可以自己选择。

十分钟到了，玛丽安走了，茱莉亚现在必须自己想办法解决

问题。按照玛丽安的说法，她甚至没有再去想茱莉亚的事，直到中午接到电话为止。

“妈妈，我中午吃什么？”

“你不是有午餐的钱吗？你可以去学校餐厅吃。”

“我不在学校，妈妈。你把我留在家里了，你忘了吗？”她的语气相当地理直气壮。

“你得走路去学校，茱莉亚，而且我不会帮你写请假单，你会被记旷课。你最好现在就去，这样你才不会错过太多老师布置的作业。再见。”然后她就挂了电话。她并没有打电话回家去确认女儿是不是去学校了，反而回头把注意力放在自己和必须完成的工作上。

一回到家，玛丽安就听到茱莉亚下午去了学校，而且还被记了旷课。根据校规，那表示她错过的每一份规定的作业都会被记零分。很好，玛丽安想，茱莉亚学到了对自己不负责任的教训。

茱莉亚又是抱怨又是闹脾气，不过这还算不上是真正的抗议。她正满心期待着隔天晚上的开学舞会，茱莉亚青春生涯中一个超级重要的活动。

故事就是从这里变得有趣的。虽然茱莉亚明白旷课会有的一个后果——错过的规定作业会拿零分，但她却在星期五时才得知另一个后果——如果一个学生在学校活动当周有旷课纪录，便不得参加舞会。

茱莉亚不能参加舞会了。

你可以想象得到茱莉亚的反应，痛哭、吼叫、懊恼。当然，她把问题全怪到妈妈头上。本来，妈妈那天早上可以等她的，妈妈第二天本来可以帮她捏造一份请假单的。或许，妈妈现在也还来得及。连茱莉亚的哥哥都对妹妹的处境表示同情，他是家中的老大，据玛丽安说，他和茱莉亚多年来一直不太合得来。如今他竟然也把哭丧着脸的妹妹搂在怀里，一起央求妈妈去学校摆平这件事。

你可以想象玛丽安此刻面临的两难抉择吗？她很骄傲自己终于坚持立场，那天早上拒绝对茱莉亚让步。那已经十分消耗精力了，她终于决心将焦点放在自己身上，不再浪费时间去改变女儿。当初茱莉亚先是虚张声势，然后又拒绝承担责任，玛丽安大可以像以往一样，加倍唠叨责备和吼叫，最后屈服，可是她这次并没有这样做。她把选择权交给茱莉亚。茱莉亚确实有选择的余地，而且无论作出哪个选择，都会产生一些相应的后果。有了这层领悟，玛丽安划出了茱莉亚的领土，茱莉亚要怎么选择，怎么运用她的空间，全都由她作主。

可是现在茱莉亚和她的哥哥、姐妹还有舞伴都不是从这个角度去看事情，全都希望妈妈屈服，好帮茱莉亚逃避这个厄运。他们全都愤怒地吼叫着，要妈妈去搞定这个状况。

面对这些怒火，玛丽安也反思着许多问题。实际上，这些都是所有父母选择让后果来教育孩子时必然会面对的问题。首先，这个过错应该受到这种处罚吗？还有，茱莉亚真正错在哪里呢？

SCREAMFREE
PARENTING

通过孩子可以看出父母是什么样的人。从孩子的行为举止可以看出父母是什么样的人品、怎样教育孩子的。

——张炳惠

《好孩子的成长 99% 靠妈妈》

错在早上花很长时间准备才能出门吗？错在不尊重她妈妈的时间吗？错在她原本可以轻易走路去上学，却选择待在家里？

那么，茱莉亚活该不能参加舞会吗？那是以情绪化的方式看待问题，而且那就跟孩子们一直质问妈妈的态度一样。

我们从理性的角度来分析，不能参加开学舞会，是茱莉亚的选择符合逻辑的后果吗？学校方面认为这是茱莉亚的行为应得的惩罚。而这正是问题的症结所在。

后果并不是都在父母的控制范围内。孩子作出的选择产生的后果并非只掌握在我们的手中。随着他们年龄越来越大，他们的选择所产生的后果，就越来越掌握在其他有权力的人手中。在这个案例里，后果并不全在玛丽安的掌控范围之内。

谈到这里，来了解一下罗杰·艾伦（Roger Allen）与罗恩·罗斯（Ron Rose）提出的“预防接种”理论。艾伦与罗斯在他们的著作《按照常识管教孩子》（*Common Sense Discipline*）当中，有个重要的理论：记不记得人们是如何对小儿麻痹症免疫的？——我们每个人都注射了微剂量的小儿麻痹病毒。对于后果而言，道理也是一样的。孩子越是领略到小过失带来的轻微后果，就越不会犯下重大过错，遭受严重后果。让孩子体悟“种瓜得瓜，种豆得豆”的黄金定律（不论现在他们几岁），意义就在于此。

当你的孩子年纪越大时，管控他们的权威角色也会越多，不再只是父母而已。而那些权威角色的处罚也会更严厉。那时候身为父母的你，就必须判断自己是不是可以（或是应该）去干预。

对玛丽安而言，她若要去阻止和干预校方的处置，就必须折损自己的尊严。因为如此一来，她就必须向女儿屈服，也必须向学校撒谎，说茱莉亚是因为生病了。玛丽安问自己，这个决定会有什么后果。她作出的决定（让步或是坚持立场），会教会女儿什么样的人生课题呢？不论是哪个决定，她怎样才能让女儿明白她们之间的关系？最重要的是，不论是哪个决定，玛丽安都要让全家人知道她有权利尊重自己。

保护孩子远离危险，还是让他从教训中学习？

我们不喜欢看到孩子犯错，也不喜欢花时间和精力去执行处分。所以，我们对他们吼叫，我们威胁他们。我们希望这样会有效。（也就是说，我们希望吼叫能强迫他们的行为表现符合我们的要求。）当吼叫无效时，我们就吼叫得更大声一点，然后吼叫就变成了后果本身。我们都知道，这个方法行不通。没有一个人会因为吼叫而有所学习或成长，可是我们还能够怎么办呢？

你可以让后果去吼。你可以学习置身事外，让后果去发挥作用。你要做的就是让自己冷静下来。可是在让后果发挥作用之前，你必须努力想办法让自己平静下来，而不是将焦点放在如何让孩子停止犯错上。

你如何让孩子远离生命中的危险，但同时还能让他们学到人生的教训，两者间要如何取得平衡？这问题不仅棘手，相信对你而言也是最重要的课题，它可以帮助你面对自己的焦虑，你必须随时把它摆在面前去思考。答案会因不同的孩子、不同的状况、不同的发展阶段而异，可是这个问题本身是不变的。

比如说，你不能为了让一个两岁的孩子免于车祸，而教他永远都不要到马路上去。当他十七岁的时候呢？他可能学会了开车，而你没办法永远跟在他身边。开车，地球上最危险的交通方式。当然，你可以焦心地祈祷他永远都不要出车祸，永远不要被开罚单。可是请记住预防接种理论，他越早得到生活的教训，未来就越不可能在马路上得到惨痛的教训。

可是有些人却经常让自己深陷焦虑之中，以致于这样想：我要保护孩子远离任何危险，即使这意味着阻止他们从经验中学习。

我很喜欢《海底总动员》里尼莫的爸爸因为儿子不见了而伤心欲绝的那一幕。他对帮忙寻找尼莫的小鱼多莉说：“可是我向他保证过绝对不会有坏事发生在他身上的！”

一阵沉默之后，多莉说了实话：“呃，那么说真是愚蠢。”

焦虑让我们要不惜任何代价保护孩子，不论用任何手段，都要确保他们在我们的看管下可以好好地保住性命。焦虑让我们认为最糟的事情，就是让孩子受苦，所以我们最好不择手段避免他们受苦，即使那表示要过度保护他们，即使那表示要让他们透不过气来，即使那表示放宽执行处分，即使那表示得帮助他们一起逃避惩罚。

身为一名私立高中的老师，我的妻子有幸跟一些天资聪颖而且学习优秀的青少年相处。这些孩子的压力很大,他们的父母也是。然而,有件事情总是让她一再感到吃惊,有些父母会出面保护孩子,让他们不必承受自己抉择的后果。例如恳求老师延长交作业的期限,或偷偷替孩子做完功课。有些家长,为了避免孩子尝到苦果,几乎什么事都肯去做。

很讽刺的是,这样教育孩子,是在扼杀孩子学习的机会。事实上,从错误中学习是最有效的学习方式!

我最近听说有这样一位父亲,他显然是不知道儿子必须吃点苦头才能学乖的道理。所有的人,包括他儿子的朋友,都知道他儿子是个狂热飙车族。他儿子在速限三十五英里的路段飙到了七十五英里,只要再收到一张超速罚单,他的驾照就要被吊销了。就在这时候这位父亲被焦虑冲昏了头。

原来这位父亲是一个法官,结果他决定利用他的关系“摆平那张罚单”。

这个孩子的朋友说,现在他开车的习惯比以前更糟。他们真的不敢坐他的车,而且很怕“他迟早会撞死人”。

孩子犯错时要平静面对

我想比利·乔尔《你只是凡人》(*You're Only Human*)这首歌的歌词说得很好:“到最后,错误是我们唯一真正拥有的东西。”从后果中学习是很有骨气的,我们选择了晚归,结果被禁止出门,所以现在不再晚归了。从某种角度来说那是值得骄傲的。

如果孩子可以不犯错就懂得后果是什么，我们都会很高兴，绝对很高兴。想想那有多好啊，他们永远都会聪明地行事，永远都不必经受教训、尝到痛苦，而且也确实尊重我们的智慧。所以，我们永远不必在气得想要勒死他们的时候，还得去安慰他们，永远不必去制订那些事实上也是在限制自己的规矩，我们也永远不必看到孩子重蹈覆辙、犯下跟我们从前一样的错误。有多少次我们曾经听过（或说过）这两句话：

我不希望孩子重蹈覆辙，犯下跟我相同的错误。

我只是希望孩子对我的智慧有一点尊重。

这两句话反映出的正是所有父母最大的渴望，特别是家里有十几岁的孩子的父母们。对父母来说，看到孩子作了一个明明很容易可以避免的愚蠢决定，实在会火冒三丈！不知有多少次，孩子只要向我们讨教或听取我们的忠告，接下来的后果，他根本都可以避免，而我们也可以省掉很多麻烦。要晚归，孩子先打电话报告一下，事情不是很简单吗？在试着修理阻塞的马桶之前如果先问一问我们，不是比较聪明吗？只要准时把作业交了，不是就可以省掉一切不必要的痛苦吗？我们也就可以避免一堆困扰了！

看着孩子作出糟糕的选择时，要平息焦虑、眼睁睁看着事情发生是十分困难的。如果我们仍想对孩子维持任何积极的影响力，我们就必须做到这一点。当孩子做出愚蠢的事情，犯下荒唐的错误时，假如我们惊慌、冲动反应、吼叫，那么不论我们口中冒出的是哪些话，吼叫的内涵都是：让我平静下来！我没办法应付你做的事情，也没办法应付现在必须帮你善后的事实！

稍微想一下，当孩子犯错（而且他们还会继续犯错）的时候，你想要站在何处？你想要在他们的哪个相对位置？想要站在他们的上方，等着他们俯首认罪、表现出悔意，并承认你是对的吗？那你相当于对他们说“我早就告诉过你了”，而这八字真言恰恰最能毁坏所有的人际关系。将来孩子有了问题却不愿再跟你说，或开始对你撒谎时，你又抱怨他们。

不过你也许想选择不同的位置，也许你会选择另一个极端。这时候你会帮助他们逃脱后果，比如说和他们一起抗议学校的处分或是对家规的执行睁一眼闭一眼。你处于他们之下，一厢情愿地希望他们永远都不要再犯错了。然后你又开始抱怨他们不尊重你，或从不来向你讨教。可是为什么他们要这么做呢？你可是受控于他们的呀！他们来找你时只会是为了搬救兵。

选择让后果教育他们，能够让你处于一个完全不同的位置。在他们挣扎和尝受苦果的时候，你会让自己变成与他们并肩而行的向导。你将自己定位成一个带领他们认识现实生活的教练，坚信因果规律大于你，大于孩子的情绪，也大于你自己的焦虑。

那正是我们之前探讨的那个单亲妈妈玛丽安对自己位置的选择。她选择保持平静，坚持自己的决定，看着她的女儿，一起度过这个痛苦的过程。即使在茱莉亚懊悔痛哭或是恼羞成怒时，玛丽安仍然保持“零吼叫”。她没有说教，没有责备，没有叫茱莉亚安静。相反地，她平心静气地表明自己的立场，体谅茱莉亚所感受到的痛苦，并向茱莉亚表示，如果想的话，随时都可以找她谈，即使只是大哭一场。她甚至出钱带茱莉亚和她的舞伴去看电影，稍微弥补没能参加舞会的遗憾。

后果通常很伤人，让我们感到痛苦、困窘与悔恨。可是后果的存在是要帮助我们，是我们养育孩子可以利用的资源。我们永远都可以从后果了解真相，得到经验，受到教育。

成为“零吼叫父母”要反省的问题

1. 你如何在保护孩子远离生命中的危险，以及让他们获得生命中的教训之间取得平衡？

2. 回忆一下你童年时有没有因为自己犯错造成严重的后果，并且从中得到刻骨铭心的教训？你从中学到了什么？当时谁跟你在一起，协助你走过那场经历？

3. 你会希望孩子犯哪些错？为什么？他可能会从那些经历学到什么？

4. 你不计代价想要孩子避免犯的错误是什么？每当你想到这些错误时，会感到多大的焦虑？

5. 对你来说，要执行处分最困难的是什么？

第10章

说到就要做到

孩子会被物质“宠”到什么程度？又会因为他们的父母不让他们承担自己的行为后果，而被宠到什么程度？

——埃德温·H. 弗里德曼，《弗里德曼的寓言》

到女儿下次过生日时，我们就要带一只狗回家来养。我非常明确地知道这件事。这不是预言，也不是瞎猜，这是千真万确百分之百会发生的事。

我怎么会知道的？那一天，我女儿将满十一岁，而我们的家规里有“要信守承诺”这一条。

好像是几年前吧，“某个人”承诺了一个苦苦哀求的小女孩说，“等你够大了，可以帮忙照顾时，我们家就可以养只狗。”我说“某个人”是因为我喜欢把它想成那是我太太做出的承诺，这样一来，当狗的大便出现在客厅的时候，我就可以把事情怪到她头上。不过，其实许下承诺的人是我。

也许这是父母经过精心的规划，花费很长时间商量，仔细考虑过所有可能的后果之后，才对小女孩作出的承诺。

但更有可能是因为当初一时冲动，情况紧急，“当你够大了”是一个很好的办法，可以作为不得已时的拖延战术，止住一个漂亮小女孩的泪水。那么，既然这是一时冲动下开出的空头支票，而且又是那么久以前发生的事情，我就可以反悔，对吗？我可以说，我们家并没有地方养狗，并没有适合养狗的后院，况且，我总不能被一个为避免女儿伤心、情急之下许下的承诺给绑死吧。一定有什么方法可以让我脱身，而且还能维系我的尊严，我只要说那全都怪一个小女孩太任性就可以了。

但我们明年一定会养一只狗，因为这是一个承诺，而且，也因为我的两个孩子会时常提醒我：“在这个家里，我们永远都要信守承诺。”我们绝对要信守承诺，即使那是一时冲动、未经深思熟虑，为了解决一时焦虑而作出的承诺。

“沟通”让孩子知道自己有多重要

“可是这是你答应过的呀！”

我敢保证你一定听孩子说过这几个字。而他们说这话时通常带着受伤的感觉，这短短的十个字夹杂着很大的痛苦与幻灭。

让我们把焦点先放在“幻灭”这两个字上。孩子迈向成年阶段必经的一个过程，就是摆脱对父母的完美幻想。小的时候，孩子必须一直把我们当成完美的人，那是因为他们需要我们当完美的人。父母是他们安全的保障，他们所知道的就是，一切的所需都由父母提供（或是不提供），父母就是“万能的力量”。小孩子需要他们的父母强壮有力，因为当你像个两岁的孩子一样矮小时，

SCREAMFREE PARENTING

有时，我们需要用“无为而治”来证明我们对孩子的爱。

——克瑞丝·卡尔森

《零压力养出 100% 的好孩子》

你也需要有个人来保护。孩子们需要可以信赖的父母，相信他们能够杀死衣橱里的坏龙或床底下的怪物，相信父母说的话都是真的。如果他们不能信任父母是帮他们对抗恶魔的保护者，那将会是一个什么样的世界？

让我再退一步回来谈沟通。我知道，每一位治疗师总是会提到沟通，可是我想尽量去简化这部分。所有的沟通可以分成两个部分：传递的和接收的。

传递的部分指的就是真正诉诸话语或文字的，而接收的部分指的则是信息的整体，以及对传递者与接收者关系造成的影响。

当我答应女儿要养一只狗的时候，话语的本身就是关于狗。被接收的部分则是，这个信息在我、我女儿和其他家人之间产生的互动。即使这也许是一个我想要反悔的承诺，但守住了自己的承诺，我便能创造一个比避免捡狗粪的痛苦更重要的互动关系。信守这样的一个承诺，所达到的沟通有：

- 这个世界有一定的运转方式。
- 人们是可以互相信任的。
- 权威角色是可以被信任的。
- 语言和行动都是有意义与力量的。
- 在这个混乱的人生中，承诺仍然有其重要性。

对一个小女孩来说，当她的爸爸把这些展现在她眼前的时候，她了解到的是“她是重要的”，这就是我们许下并信守每个承诺所达成的沟通。

而且这其中包含了许多重要的人生课题，不需要去针对某一点细说，就可以全部教给孩子们了。只要信守许下的承诺，教育就会自动开花结果。

另一种承诺

现在让我们再来探讨维持“零吼叫”时会遇到的另一个难题。一样具有挑战性，一样跟承诺有关。这个承诺不是答应给孩子买礼物，这个承诺是当孩子违规时坚持执行处分。

没错，“如果你再那样做，就两天不能玩游戏机”跟“等你十一岁的时候，我们家就会养一只狗”一样是个承诺。

这关乎的就是一致性。

很重要的一件事就是，你的孩子得相信你说的话。如果你的孩子知道你的话不可信，你和你的孩子将会承受非常悲惨的后果。相反地，如果孩子知道不论什么事他都可以信任你，你们的关系会发生革命性的改变。这关乎的是一致性——表示你说什么都是认真的，而且说到做到。你越早执行这个原则，就越快得到重大的转变。比如说，如果孩子从反复的经验中确知，你绝对不会给第二次警告，想想看情况会有什么不同。

可是谈到制订规则和执行处分，并不是所有人都说话算话。

苏珊很喜欢对孩子进行威胁，她天生就是一个活宝，所做的每件事情通常都很搞笑。她先生知道这一点，孩子也知道这一点，有时候这会让他们的家庭生活很开心。遗憾的是，这种搞笑的习惯，会让苏珊的家人很难把她的任何话当真。他们怎么可能会认真呢？

有一次，我亲眼看到苏珊是如何处理儿子的行为。这个七岁大的孩子一直烦他妈妈，最后苏珊就说：“如果你再不停止，我就用一只塑料汤匙锯掉你的屁股。”

这个威胁得到的效果是，每个在场的人都哄堂大笑（包括我在内）。我不禁怀疑她的孩子要如何区别她的玩笑和严肃的话。不用说，这个奇怪的威胁对她的小儿子根本没有作用。

采取这种方式，是在试图逃避教养的业务层面，是在用不严肃的方式批判严肃的问题。并且，父母根本就不喜欢扮黑脸，也希望自己压根就不需要去扮黑脸。当口头的指示不足以纠正孩子的行为，我们就随便找些方法。

对苏珊而言，使用的是一种幽默的威胁，背后完全没有分量，她希望大笑之后或许可以奏效。但是当苏珊想要认真地说话、想要言出必行时，你可以想象她得做出多大的努力。她的孩子也不相信她是认真的，于是苏珊会挣扎着想是不是放弃算了。我们在任何一种互动模式中想要改变自己所扮演的角色时，都会面临这种情况。

周围的人不知道你葫芦里卖的什么药，所以想尽办法要把我们恢复成以前的样子，即使这样做对谁都没有好处。可是苏珊会发现，模式就只是模式，所有的模式，在我们坚持努力之下，都是可以改变的。

来看看托马斯的例子。他到最后终于了解，想要改变一种模式，多么需要信守承诺。他必须学会兑现承诺。托马斯的儿子让他很头痛，问题很严重，这个男孩子已经被他严重处罚过好几次了。这些处罚都很恰当，而且效果本来应该不错，但有一个关键问题是托马斯不愿明确处罚结束的日期或条件。因为他不想让儿子有机会反抗他，不想要儿子只是为了结束处罚而在一定的期限内守规矩。而他儿子根本不知道自己该怎么做，因为他的父亲不会遵守任何讲好的条件，结果这个儿子更是气愤难平。

这是充满争议的权力抗争模式！父亲拥有无穷的权利，儿子丝毫没有工具可以抗争，结果对自己在这个宇宙里的领土完全没有一点概念，自然对父亲说的话完全没有信心了。

事实上，你的孩子希望你能站稳立场，如果他们无法信任你会贯彻原则（虽然有时并不是乐意的），那他们怎么能对你、对别人和对这个世界产生信赖呢？

言出必行的力量

“种瓜得瓜，种豆得豆。”

“自食其果。”

我们很喜欢这些谚语，它们反映了天地万物间的一些准则。类似的谚语可以在伟大的励志书籍和哲学著作中找到。但这些哲理并不只适用于接受后果的一方，也可以适用于负责执行处分的一方。

切记，言出必行可以维持你的世界的稳定，言出必行也可以让维持“零吼叫”更容易。反过来说，维持“零吼叫”也会让言出必行更容易。以下几项原则能够给你指引方向：

1. 绝对不要制订很难执行的处罚

把十几岁的女儿禁足两个月，你不会是认真的吧？你疯了吗？你真的认为你能够照料她那么久吗？那么，规定你五岁的孩子一个星期内不准看电视呢？什么？电视可是你的保姆之一呀！你真的想要丢给自己那么大的压力去陪他玩吗？当我们过度勉强自己时，一旦出现情绪压力，就变得更加容易让步。因此，我们就会违背自己的承诺，而我们精心设置的信任体系就会被破坏殆尽。

2. 成功没有捷径

为我们的孩子们打造说到做到的纪律准则，永远很耗时、很费力，而且绝对无法一蹴而就。没错，这件事本身就是很困难的。请记得，要帮助孩子成长，我们必须自己成长。追求钢铁般的纪律，就是在要求你自己的成长。那得花上比你想象的还要多的时间，得花上比你预期更多的精力，而且会招致比你想象中更强烈的批判。可是我知道你是可以做到的。事实上，你已经在做了，而且我敢保证你做到的一定比你自认为的更多。继续下去吧。

3. 只选择那些你愿意执行的处分

乍看之下，这个句子似乎是废话，很愚蠢。你怎么可能会选择你不愿意去执行的处分呢？很简单，因为你可能会让焦虑替你做选择。我的意思是，我并不打算告诉你，你究竟是要采取关禁闭、打屁股、做纪录单、还是任何其他的处分方法。一直都有会人问我这些方法的差异，我的回答永远都只有一个——你想要怎么做呢？我知道这句话听起来很空洞，可是我希望你很清楚这个问题的答案。

你做什么根本比不上你怎么做和为什么做来得重要。

打孩子屁股的动机是什么？深入想想，将焦点放在自己身上，然后诚实地回答。为什么你想要打孩子屁股？如果你说你并不想这么做，但是你相信你必须这么做，那你就犯了表里不一的毛病。

“零吼叫”父母从来都不会做不想做的事情。你已经是个成年人了，每个选择都是你自己的选择。如果你打了孩子屁股却并不想这样做，那么你就必须把更多焦点放在自己身上。如果你并不想选择执行那个处罚，为什么你要对孩子做出那件事？是因为他需要被处罚？为了什么？矫治行为吗？为了让他平静下来吗？是为了让他知道谁才是老大吗？如果希望执行的处分都可以得到预期的效果，那么那个处分就必须是出自执行者明智的判断。如果你对打屁股这事不太确定，这个信息也会一五一十地传递给孩子：我已经一筹莫展了，而且我没有其他的法子可想，只能诉诸于我的体格和力气啦。这样焦虑就变成了真正的主控者。而如果焦虑是主控者，那么你就不是真正控场的人了。一种关系里发生这种由焦虑驱使的互动，最后也只得变成由焦虑来演绎的关系了。

所以你真正想要执行什么处分呢？我想要给孩子关禁闭的处分，因为这样可以教会他我们需要“暂停”，也可以创造出我们彼此需要的空间。我想拿走孩子们享有的特权和物件，因为这可以教他们学会珍惜。有时，我想要执行的处分只是为了告诉他们，他们的言行已经刺伤了我。

按照真实的心意来选择处分，可消除父母常表现出来的“要处罚你我比你更痛苦”的虚伪，孩子们一下子就能看穿我们的表里不一。光这个理由就足以让我们必须有自信地选择处分，必须相信我们能够、而且应该执行真正想要给的处分。

4. 只选择那些你自己能忍受的处分

我辅导的另一位客户，阿丹和快成年的儿子在同一个月里收到超速罚单。这已经是他儿子在过去一年里收到的第三张罚单，而这个可能会让他被吊销驾照几个月。阿丹很困惑，不知道是不是应该让他儿子知道自己也有罚单。阿丹的苦恼是可以理解的，他的内心交战着，在他自己也违规的情况下，如何能够教育儿子呢？

"他超速是我教出来的，所以我也应该要教他如何接受超速的后果。"

阿丹实在很想请一个律师来"摆平这件事"，帮他儿子脱困，因为一旦儿子被吊销驾照，就会打乱全家的秩序。小阿丹和他两个妹妹都在同一所私立学校就读，一直以来都是小阿丹每天开车载大家上下学。如果小阿丹不能开车，接下来的半年，阿丹就得负责接送他们三个人——那真是天大的麻烦。

因此阿丹很想找个律师，付一大笔费用，同时"摆平两个人的罚单"。这办法有很大的吸引力，阿丹可以避免违规的后果，也可以免除好几个月开车载送全家人的麻烦。

可是就像上一章提到的单亲妈妈玛丽安一样，阿丹的品格不允许他做出这样一个懦弱的选择。相反地，他让自己的焦虑平息下来，选择接受自己犯错的后果，他们父子俩甚至一起去法庭接受超速判决。

要坚持原则全取决于一件事——保持冷静。坚定地执行处分是亲子关系中唯一有效的权力运用，不过前提是你必须冷静地决定你要执行什么处分。这样，做出的决定合理、符合实际的决定，也就更能帮助每个人成长。

要言出必行，最重要的是，自己的原则也要始终如一，即使那表示得做出一些令人不太舒服和不太方便的决定。至于我个人嘛，我明年会养一只狗和负起狗主人应负的一切职责。

谢天谢地，我没有承诺要养一只猫。

成为“零吼叫父母”要反省的问题

1. 你的父母在信守承诺和贯彻处罚的方面做得好吗？他们的言出必行（或没有言出必行）是怎样影响你对信任权威以及对世界的认识？

2. 什么时候会用你其实执行不了的处分来威吓孩子？你的言行不一对亲子关系会产生什么样的影响？

3. 你最容易执行的是哪些处分？

4. 如果你能更信守承诺的话，与孩子的关系可能会有什么改善？

5. 保持“零吼叫”如何帮助你言出必行？言出必行又如何帮助你保持“零吼叫”？

这个故事的主角是一个十几岁的孩子，琳赛，她犯了一个青少年容易犯的错。然而，她的父母马克和珍妮弗的处理却极为了不起，他们的选择展现了维持冷静的惊人力量，而今他们的家庭成长已经上了轨道。

琳赛一直盼着她的十六岁生日。不只是因为她终于可以取得驾照（经过了一年持有实习驾照之后），那也表示可以跟她最喜欢的阿姨去欧洲旅行十天。在十五岁的每一个日子里，琳赛一直热切地期待着这趟旅行。她也热切地期待着摆脱实习驾照，可以拿到一张真正的驾驶执照。跟多数的实习驾照一样，她的驾照上明文规定，必须有一位持有正式驾照的成年人坐在副驾驶座位上，她才可以开车。她父母保的车险单上，也严格规定她必须在规定的条件下才可以开车。

当琳赛的生日接近时，欧洲旅游计划也即将到来。十天的欧洲之行肯定会非常精彩。

然而，在出发前的一个月，琳赛硬着头皮，打了一个每个父母都怕接到的电话："爸爸妈妈，我出车祸了。"

抵达车祸现场时，马克和珍妮弗拼命保持冷静，他们最关心的是女儿的安危。把她安全地搂在怀里以后，他们才开始关心事故的来龙去脉。琳赛的男朋友开车，琳赛坐在副驾驶座位上，他失控撞上了一棵树，车子被撞得支离破碎，幸好两个年轻人逃过一劫，只受了点轻微的皮外伤。警察记录了所有的细节，保险公司开始理赔，每件事情都慢慢恢复了正常，一直到欧洲之旅出发前三天。

琳赛被歉疚感啃噬着内心，而且显然对父母冷静的处理态度有了信心，她决定向他们坦白。“爸爸，妈妈，我才是那个开车的人。为了不惹上麻烦，我们对你们和警方撒了谎。”

“零吼叫父母”这时候会怎么做？他们会有什么情绪反应？狂怒？失望？会不会觉得内心很纠结？一方面，可能会因女儿的诚实而深深感动，另一方面，可能会不知所措，在女儿只剩三天就开始欧洲之旅时，要以取消行程作为处分是很困难、而且代价极大。

马克和珍妮弗感到了这些复杂的情绪的拉锯战，觉得从来都没有这么困惑过。因为有着坚强的自我意识，他们知道必须坚持原则而不能感情用事。他们知道必须问自己：“在保护孩子免于人生的痛苦之时，还能让孩子学会人生的课题，两者之间要如何求取平衡？”经过深思熟虑之后，他们终于作了决定。怜爱而又平静的他们去和女儿谈话，充满了祝福。他们决定以温暖的拥抱送她去欧洲，希望她能享有人生中的特别时光。

当琳赛问到车子、她的驾照和相关的事情时，马克平静地回答：“等你回来，我们会有很多时间来处理。现在让我们先帮你庆祝十六岁的生日，小公主，先去旅行吧。”

在国外的时候，琳赛的歉疚之意时而涌现，那时，她便会哭着打电话给她的父母。虽然他们可以回答：“是啊，你是该感到内疚，小姐！我们为你花了这么多的钱……”但马克和珍妮弗什么也没说，只说了一些温情的话，问问女儿的所见所闻，做了什么事。

当琳赛的话锋又转向她觉得有多么抱歉的时候，他们也只是请她多说一点关于欧洲的事。可是当她回家以后又是如何呢？他们花了多久的时间才执行处分？琳赛的父母决定，等她回来整整两天之后，再把状况说出来。他们把她的照片拿去冲洗，一起看带回来的纪念品，谈的都是欧洲的事情。过了两天，她的父母才花了很长的时间和她谈论要如何处理交通事故。

他们告诉琳赛，她必须告诉警方和保险公司她撒了谎。马克已经跟一位律师谈过，所以大致了解可能的后果。律师说，琳赛也许必须等到十八岁的生日之后才能再申请正式驾照了，而且她还必须先领取另一张实习驾照。马克和珍妮弗知道，这一切结果会给全家带来极大的不便，可是他们也知道，自己将会与琳赛一起有尊严地接受这些难熬的后果。

你能想象这件事对他们的亲子关系有什么影响，但至少我们知道，他们的关系已经有了重大的改变了。

第四篇

从“爱自己”开始

我把焦点都放在孩子身上，却觉得自己像门口的擦鞋垫，灰头土脸地为别人效劳，所做的牺牲却没人感激。我真不敢想象，如果我爱我的孩子就跟爱自己一样少，那究竟会变成什么样子？

“零吼叫教养”要求你将实践进行到底。“零吼叫教养”不是要你把为人父母犯的错全部找出来加以铲除，也不是要你针对每一种状况找出标准的解决方法。“零吼叫教养”要求你言出必行，它主张根据原则（而不是技巧）来教养子女。这是一条不断学习与成长的旅程，永远不要以为自己都已经做到了，或是再也没有可以学习的了。

有一个关于实践的成语很有意义，我们经常会听见，那就是“熟能生巧”，常常练习就能臻至完美。

精确一点的说法应该是“熟能生根”，你经常做的事会根深蒂固地变成一种模式。因此，如果你没有创造新模式，那你就是在持续旧模式。而你只需要简单地改变你在旧模式里扮演的角色，就可以改变所有关系中的模式了。通过实践改变你自己，然后所有的一切都会跟着改变。

关于实践，本篇强调的是如何让自己冷静下来，不带焦虑地经营所有的人际关系，特别是亲子关系。这里所谈的是，把教养工作看做你与独立成长的孩子之间的交会。“零吼叫教养”并不是修正行为的指南，它是助你成长的向导。这个成长，必须由你开始。

我希望你心里要有一个观念：照顾好你自己是你对你的家人最重要的责任。我希望你可以明白，要想教养出好的孩子，就必须确保自己身心健康。我相信，从你为人父母之初，就一直在等待着可以听到这个好消息：要好好照顾你自己，就像照顾好你的孩子一样，这是天经地义的。想要养育出有爱心、有责任感和独立自主的孩子，照顾好自己是你应做的最重要的一件事。

第11章 先戴上你自己的氧气面罩

我把舒适定义为接纳自我。当我们终于了解照顾自己是我们的责任，便不会再从别人那里寻求支持了。

——珍妮弗·劳登（作家）

弗里茨和塔米·米勒夫妇是我的事业伙伴兼好友，最近带着他们的第一个孩子塔莉亚刚从中国回来。领养手续意味着，耗费无数个小时为飞往中国做准备、跟中国政府进行法律交涉，以及带着新领养的小女孩回家的漫长但欣喜的旅程。

他们事先没有想到的是，竟然有八十七名被收养的中国孩子和他们的新父母们也历经了那趟历时十五个钟头的飞行。

如今，我的朋友已经平安归来，没有碰到意外。不过我也只能想象，那位可怜的空姐在向收养那八十七名孩子的父母们讲解逃生安全常识时脸上的表情。

由于逃生讲解是先以平板单调的中文讲述，再用平板单调的英文讲述，所以大部分的人都没有注意听她讲的内容：“请扣好您的安全带……找到离您最近的逃生口……万一有紧急情况时，请拿您的椅垫当做浮力工具……当机舱突然发生失压的状况时，氧气面罩会落在您的面前。请将氧气面罩套住您的口鼻，正常地呼吸。如果您有婴幼儿同行，请确定先戴上您自己的氧气面罩之后，再协助他们戴上。”突然，有很多父母抬起头来。当一个小生命真实地躺在你的手上时，这句熟悉的话听起来意义突然完全不同了。想到这个完全仰赖着你的小生命，竟挣扎着要呼吸，那简直是最无法忍受的事了。因为无法忍受这种焦虑，要忘掉空姐的明智建议太容易了。

如果没有适度的氧气，我们的大脑就不能正常运作，判断力变差，连最简单的一些动作也不能执行。可是如果飞机有状况发生时，我们最可能怎么反应呢？大多数的人都会惊慌失措，而且会像发了疯似地，挣扎着帮孩子戴上氧气罩，连一秒钟也不会先想到我们自己。可是如果你在呼吸困难的时候，你是帮不了他们的。

你并不需要置身于危机之中，在生活里所有的事情上你都可以领略这句至理名言——除非你先照顾好自己，否则无法照顾你的家庭。

爱自己等于自私吗？

为什么我们第一反应是想摈弃这个想法？那是因为严重地误解了先照顾自己的意思。大多数的人都把爱自己看成是自私，看成是很显然的负面特质。

对于虔诚信教的人来说，这更是令人苦恼的两难境地。我们被困在这个心锁里，以为面对的是非黑即白的二分法。要么，我将焦点只放在自己身上；要么，我将焦点放在为别人效劳上，尤其是孩子们身上——他们这么地需要我。要么，我一辈子汲汲营营地为自己牟利；要么，我牺牲自己，照亮别人，即使在这个过程中可能会被人侵犯。

似乎照顾别人就必然要忽视自己。

最近与一群家长讨论这个问题，有一位母亲这么说：“如果我照顾自己，会觉得自己很像一个自私鬼，像是在做一件错事。如果把所有的焦点都放在我的孩子身上，又会觉得自己像门口的擦鞋垫，灰头土脸地在为别人效劳，所做的牺牲却没人感激。”

其实，那是个错误的二分法，那是我们全部人都有的困惑。

“当然，我有时也会改变一下，想要把焦点放在自己和自己的需求上。可是我不能那样做，我也不会那样做的，那是不道德的，是不对的。对吗？”

错。

其他文化对于照顾自我有着非常不同的观念。旧约和后来的新约，似乎都将爱自己视为理所当然。在圣经中，最重要的戒律之一就是“爱世人就像爱你自己一般”。如果我们以我们的方式实践这条戒律，那将会产生很大的问题。

想想看，如果你爱你的孩子，就跟爱自己一样的少，那究竟会变成什么样子呢？你不会为他们准备营养均衡、有益健康的便当，也不会在里头塞进充满关爱的字条；相反地，你会在他们的便当袋里面随便塞进一块没吃完的炸面圈和一瓶走味的咖啡。如果你发现自己犯了错，你会怎么做呢？

大多数人会狠狠地训斥自己：“你真是个笨蛋，你为什么又那样做呢？你明知道会这样，却还是执意如此。”要是你是这样对孩子说话，一味地训斥他们，到头来会难以置信地发现，他们还是会犯同样的错。那么，解决的方法在哪里呢？我们该怎么看这个问题？

幸好，先人们已经苦思过了。大约一千年前，有一个同样为此苦恼的人，他的理论对我们特别有帮助。法国圣·伯纳德修道士（Bernard of Clairveaux）曾经认真想过，如何在我们与自己、我们与他人的关系中取得平衡，如何在爱自己和爱上帝之间取得平衡，他将这些观点写成了一部作品叫做《爱的四个层次》[*The Four Degrees (or Levels) of Love*]。我认为，他的理论能够帮助我们在所有的关系上取得平衡。

1. 第一个层次的爱：我爱我是为了我的利益

根据伯纳德的观点，这是最自私、最幼稚的层次。处于这个层次的人认为：“我只关注我的利益，我只对能迅速给我最大利益的事感兴趣。”

从个体发展的观点来看，这相当于我们成长为独立个体必经的一个阶段，我们在此阶段学会了生存的基本技能。当我们还是婴儿的时候，哭是为了食物、为了干净的尿布、为了安抚我们的双臂，这是与生俱来的需要。遗憾的是，有一些成年人还停留在这个阶段。而且，老实说，大部分的人也曾经多次退化到这个阶段。通常这种情形都发生在我们疏忽自己很久以后，有一天我们突然做出一件特别自私的事情，连自己都会大感意外。很显然，这并不能帮助我们摆脱非此即彼的极端选择。

2. 第二个层次的爱：我爱你是为了我的利益

伯纳德相信大多数的人都停留在这个层次，特别是在人际关系上。停留在这个层次的人是这样经营关系的："我爱你而且关心你，因为我知道我增加了你的生命价值。我爱你，因为我必须这么做，才能觉得自己是对的、安全的、强壮的和有价值的。"

套用一首廉价把戏合唱团（Cheap Trick）的歌的歌名：《我需要你需要我》(*I need you to need me*)。我爱你，是因为这个关系让我觉得自己有价值而且被需要，这也给了我理由去期待你回报我。伯纳德质问过，既然这种爱他人的方式暗藏着一颗祈求回报的心，那究竟是不是真正的爱呢。这完全扭曲了事情的规律，把原本"你希望别人怎么对你，你就怎么对他们"变成了"你怎么对他们，期待他们可能会这样对你"。

这正是大多数人在人际关系中的层次，尤其是在我们与孩子之间的关系。回想一下上述那位母亲觉得自己的牺牲没人感激的抱怨。有谁不曾有过这样的感觉呢？有谁不曾因为孩子一直不为所动和无所回报，而想过要停止再做牺牲呢？可是我们所做的这一切牺牲，是为了要觉得会有人感激吗？当然不是，对吧？我们所做的这一切牺牲，都是因为我们爱孩子！

如果果真如此，那么我们为什么需要人感激呢？你会说我不是想要有人感激，但是我一切的努力需要得到肯定，才能觉得那是值得继续去做的事情。“如果别人不感激我所做的一切牺牲，那为什么我还继续这么努力呢？”这是因为你还停留在爱的第二个层次：我爱你是为了我的利益着想。

3. 第三个层次的爱：我爱你是为了你的利益

我相信这个层次是不可能的，虽然这似乎是爱的最高层次，是最能够造福世界的。“因为我是为你而来到世上的，我是没有自我的；我来到世上是来为你效劳的。而我的事情和我的愿望根本就无关紧要。”我们常常说这样的话，大家似乎都十分肯定这种说辞。而当我们对孩子说：“对我来说，你是世上最重要的。”我们就会觉得自己是最好的父母。

我并不想要那一种压力，尤其当我还只是个孩子的话。那可是要背负重大责任的，要承当某个人存在的最高意义。事实上，这个层次的爱，说得如此冠冕堂皇，却从来没有真正存在过。这种颂扬利他主义的殉道式教养，忽略了这个事实——从来没有一个人可以完全摆脱对公平的要求。

完全牺牲自己、全心为某人效劳的想法，只不过是自欺欺人。你可以看到，这个层次的爱，到了极致时总会很快退化回到第二个层次，因为人永远无法完全地泯灭自我、泯灭自我的利益与渴望。

SCREAMFREE
PARENTING

花点时间充实你自己的精神世界是头等重要的大事，因为这有利于整个家庭的幸福。

——克瑞丝·卡尔森

《零压力养出 100% 的好孩子》

幸好，上天并不是这样塑造我们的。而我们真正想要的关系是，别人与我们在一起时能感到快乐，我们追求的是别人和我们都能享有的快乐。我们并不想要为我们而活的殉道者，孩子尤其不要这样的父母。

4. 第四个层次的爱：我爱我是为了你的利益

那么我们就要来谈谈伯纳德的第四个、也是最高层次的爱，这是他相信唯一能让我们摆脱“非此即彼”的解决之道。请仔细地阅读，因为这个让你自己与世界互动的观点，可能听起来会很陌生，甚至与你以前的思考方式大相径庭。可是我相信这是唯一还算合理的互动之道。这个层次的爱不仅是“零吼叫教养”的基础，而且其本身就具备了一种力量，可以让你和所有人的关系发生重大的改变。

在这个层次上经营关系的人会说：“我爱我，我力求上进，我强健体魄，如此我才能以完整、成熟的姿态来到你的面前。我照顾我，这样你才不需要照顾我。由于我是一个完整的人，所以我可以倾力发挥我自己为你创造最大的利益。我是唯一主控我的人，我也是对我和我的幸福负最大责任的人。上天赐给我的最大礼物就是生命，因此，身为这个礼物的看管人，我必须采取行动确保我身体健康、心灵平静和思维理智，并且我还得在这个世界上安身立命。这样，我才不用你来满足我这些需求。因此，我才可以真正地为你效劳，而且不需要你来为我效劳。”

想想这个教养之道会如何彻底改变你与孩子们的互动。你会遵照自己的心灵，无论你的孩子怎么感觉、表现、说话或思考，都没关系，你还是会继续为他们付出。你会说："我照顾我，这样你就不需要照顾我。我不需要你来感激或肯定我，我还是会继续照顾你，以及善尽我对你的一切责任。"

先爱你自己是实现"零吼叫"的唯一途径，因为这是唯一使你自己冷静的方法。只有爱自己才能真正为孩子着想，而不必麻烦他们为你着想。满足你的需求并不是他们的工作，也不是其他任何人的工作。身为一个成年人，一个对许许多多你所爱的人负有责任的人，你必须努力完善你自己的情感世界。这并不是说你永远都不需要其他人，这里说的是，你的生活和健康全都在于你。越早领悟到爱你自己是一种天职，就越早可以真正地为你周围的人效劳，特别是为孩子们。

我们的困惑

通过爱自己来造福其他人，为关系的互动提供了一个全然不同的选择，尤其是对西方人来说。这是因为西方人非常不懂得爱自己。看我们如何对待自己的身体就能说明这一点。

很多西方人都深受肥胖之苦。2007 年，肥胖已经是现代美国人最严重的健康危机，减肥与运动产业是一片欣欣向荣。尽管科学如此发达，减肥的产品琳琅满目，人们却越来越胖，这是因为没有妥善照顾好自己。想控制体重和保持身体健康，人们必须下定决心，花时间、精力和金钱去关注自己。要改变你的生活习惯，唯一的方法就是要关注自己，可是这却违背了我们一贯的原则。要把我们的焦点从别人（特别是孩子）身上挪开是很困难的，因为那会让我们感觉自己是不称职的的父母。甚至我们还会为挪出时间去运动而感到不好意思，或为想休息一下而感到内疚。

然而，圣经也教育世人要爱自己。基督使徒保罗曾做过这样的比喻：“毕竟，没有人曾痛恨他自己的身体……”这个结论在那个时候和那种文化里是成立的。

在今天，你有认识哪个人不痛恨他自己的身体吗？非常少，我很确定。我们周围那么多身体形象的问题，以致于我们无可避免地不停与他人作比较，造成了自我厌恶的结果。

最可能徒劳无功的是，我们厌恶自己，却试图利用那份厌恶感来激发自己去改变！在电影《王牌大贱谍》(*Austin Powers: The Spy Who Shanned Me*) 里那个肥胖的大块头苏格兰人“肥霸”用这句话做了总结：“因为我不快乐，所以我吃；因为我吃，所以我不快乐。这是一个恶性循环。”

只要你的动机是自我憎恨，那么你不可能持续地正面地改变自己。因为你试图改变的不好模式（比如说暴饮暴食）本身，就是你让自己觉得比较好过的理由——你觉得不应该善待自己。如果你不爱自己却又想去改变自己，那么就永远无法维持任何的努力，因为这会让你更加厌恶自己。即使这份努力最终对你有益。

因为从一开始，我们就不觉得或不相信我们有正当的权利善待自己、爱自己，我们觉得从爱自己这个出发点所做的一切努力，都太自私了。

可是真正自私的是——为了别人的缘故而牺牲自己，但却暗暗地需要他们肯定或回报你的努力，好让你有理由继续牺牲。自私不是把焦点放在你自己身上，自私是需要别人都把焦点放在你身上。相反地，真正的爱自己，即“我爱我是为了你的利益”这个层次的爱，却永远都是在造福别人。一个爱自己的人并不需要别人认同或者爱他，才能继续去爱。还有，一个人把自己照顾好，这样别人（特别是他的孩子们）就不需照顾他了。而那就是真正的爱，对你自己也是对别人的爱。

照顾好自己，才能照顾好家人

爱自己究竟是什么样子呢？那得看你是选择健康的还是不健康的方法去做。如何区别健康与不健康的方式呢？问问自己：“这个选择将使我和我爱的人都受益吗？”

为了具体阐述这句话，让我们来看看逃走与撤退之间的差异。在人际关系里，逃走，纯粹是自私的行为。逃走是没有计划的行动，经常是无意识的，仓促的行为。

当你试图从一种情境中逃走，知道的就只有想要逃离的是什么，但你并不在乎要逃往何方，或为什么要逃跑。逃走是基于自我防卫的需要，而且几乎没有重新部署的计划。就其本质来说，逃走只不过是吼叫的另一种形式，是一种被焦虑驱使的反应，而且会导致我们希望避免的那种互动关系。

然而，撤退则完全是一种截然不同的选择。撤退是带着重新部署与重返的目的，是有意识的暂停。在采取撤退行动时，你知道是要去哪里，也知道为什么你要去那里。撤退是为了使别人还有你自己都能受益。撤退是将焦点放在你自己身上、好让你成为最好的自己。如果你认为撤退很自私，那想想亚伯拉罕、摩西、耶稣、保罗、穆罕默德、佛陀、甘地和特雷莎修女。这些伟大的人物在给世界做出贡献之前，也曾经长时间撤退，但是从来没有一个曾被人批评为自私。

逃走和撤退的关系是——我们越少为自己采取有意识的撤退，越会发现自己在无意识中寻找逃走的方法。如果我们不努力以健康的方式为自己准备撤退之路，肯定会一不小心走上逃走之路。逃走对你而言可能体现为坏习惯，例如抽烟、暴饮暴食或是酗酒。你也可能会发现自己沉迷于色情，或是罗曼史小说，或是迷幻心智的毒品。或者，你可能在精神上甚至可能真正地从你的家庭“出走”，去追求一段婚外情或干脆一走了之。

要减少逃走的欲望，就必须有意识地为自己计划撤退。你可以去做运动、做美甲或学习弹奏乐器；你也可以沉思、寻找个人的成长，将你的灵性提高至新的境界或仰赖宗教力量；你还可以去追求你一直暗自渴望却从未追求过的职业，甚至自己创业。

你也许会问自己：“谁有那个时间啊？”你说你没有时间，那更证明了问题确实存在。你必须创造出那个时间，方法就是，先把自己的氧气面罩戴好。

否认自己甚至厌恶自己，和公然地爱我们自己相比，后者要有价值得多。是爱自己还是厌恶自己这个困惑似乎一直存在于我们的文化之中，而且已经一代又一代地传承给了我们。从现实来看，只有爱自己你才能承担起你对孩子的全部责任。

洋基队的传奇球星米奇·曼托在他的生命即将走到终点时接受访问，坦诚地说出他对生命的感悟，令人动容。在谈到他遭受病痛折磨的身体和破裂的关系（尤其是身为一个父亲）时，伟大的米奇叹口气说：“如果我早知道会活这么久，就会更妥善照顾自己了。”我们今天怎么过决定我们明天怎么过。而我们自己过得怎么样，则决定我们与孩子们的关系。我希望你能明白：一直伴随着你的，就是重要的。

1. 你的健康

病痛的身躯，会让抚养孩子和保护孩子变得极端困难。你的健康不是你生活中的“附属品”，保持健康是你的第一要务。

2. 你的自尊

做出虚晃的威胁、向抱怨让步、为了使孩子免于受惩罚而妥协，并不能建立长远的健康的亲子关系。这只会贬低你在孩子眼中的形象，也会损伤你的自尊。学习让自己平静，以你的原则处世，是身为父母的天职。所以用尽全力守护你的自尊吧，孩子长大成人之后将会感谢你的。

3. 你的婚姻

这是一个值得用一本书来讨论的重大话题，你必须了解为了你孩子而牺牲婚姻，到头来将只会以两败俱伤收场。

为了孩子好好照顾自己，是你一辈子的职责。你对这个世界是如此重要，特别是对于孩子你是多么的重要，所以现在就好好照顾你自己吧，我们想要看到保持最佳状态的你。

成为“零吼叫父母”要反省的问题

1. 对于“我爱我是为了你的利益”这个观点，你第一反应是什么？

2. 为了孩子，你已经疏忽了自己在哪方面的健康——生理上、情绪上以及精神上？

3. 照顾你自己，最困难的部分是什么？让你最痛苦的是什么？

4. 为了让你自己保持在最佳状态好来照顾别人，你需要养成什么习惯？

5. 今天开始，你愿意从哪方面照顾自己呢？

第12章

崭新的亲子关系

知道吗？他们在谈论革命的时候总是压低了声音。

——特雷西·查普曼，《谈论革命》

你阅读本书，是为了转变与孩子的互动关系，建立崭新的亲子关系。而为了让你的家庭发生革命性的变化，我将我相信所有的父母都会受用的原则跟大家分享。

要建立崭新的亲子关系，必须控制好自己情绪反应，负起自己为人父母应有的成长责任。这些都在我们的能力范围之内，我们可以付诸行动，我们并不是仅仅在等待着关系发生变化！事实上，这得先从改变我们自身开始，而等待别人改变，则极有可能导致我们害怕的那种关系。

对改变的抗拒

然而，千万别忘了，所有的改变都会遭受某种形式的抗拒。而你的改变也不例外，即使那是为了让你的家庭进步。

当我们置身于关系之中，就会跟对方产生一种跳舞式的互动。

“跳探戈需要两个人。”对于关系，也是这样。每学期初，我太太都会教挪威戏剧家易卜生的《玩偶之家》。这部戏剧探讨的是娜拉和托瓦德·海尔茂夫妇俩的婚姻。娜拉是一位行为表现极度不成熟、孩子气、任性的女人。托瓦德则是一位专制而且严苛的丈夫，把他的妻子当成管制对象。娜拉会偷吃饼干，还会背着托瓦德藏私房钱。托瓦德则只叫娜拉的昵称，而且经常用侮辱性的言词贬低她。当我太太的学生讨论这两个角色时，往往很快就会责怪其中一个人。他们的评论通常是这样的：

“娜拉真的是很讨厌！我受不了她总是绕着屋子跳舞，以为她只有十四岁似的。难怪托瓦德把她当个孩子对待，她就是一个孩子嘛！”

“她不那样才怪！她会有那种行为，就是因为他对待她的方式。他从来没有跟她讨论过任何重要的事情，而且总是叫她‘我的小松鼠’、‘我的宠物’，真恶心。我一点也不怪她自私，他肯定不怎么在乎她。”

嗯，这两种说法都没错。娜拉和托瓦德是在跳舞——因为他把她当个孩子对待，所以她表现得就像个孩子；也因为她表现得像个孩子，所以他就把她当个孩子对待。讨论究竟是谁先开始这个模式，大概就像讨论究竟是鸡生蛋还是蛋生鸡，或像是讨论旋转木马里头的第一匹马是哪一只，是找不出结果的。没有人“先开始”，而且这根本就不重要，要紧的是这个模式很牢固。之所以牢固，是因为参与的双方都喜欢这种模式带来的好处吗？不是，你所追求的改变从来不是在“别处”；相反，改变就在你的自身。

——威尔·鲍温

《不抱怨的世界》

模式牢固是因为人们对其很熟悉。

我们更喜欢处于熟悉的情境里（哪怕是处于痛苦中），也不愿意接纳陌生的东西。模式的力量之所以如此强大，是因为其提供了稳定，即使这种稳定是有害的。难怪当有人意图要退出这支舞，想改变模式的时候，就会遇到顽强的抵抗。

当你在家里实践“零吼叫教养”时，你的孩子（也许甚至连配偶）将会竭尽全力地引诱你重拾旧舞步。他们并不是有意这么做，那只是他们的一种机械式反应，他们希望事情回到“正轨”，即使原本他们厌恶这条轨道。可是你正在学习让自己成长，当你成长了，就能够应对这些想打败你的负面力量。

最近有一位客户告诉我，在她持续实践“零吼叫教养”一段时间之后，她十三岁的孩子终于受够了。

她吼叫着：“我讨厌你那么平静的样子！”

如果你得到了这种响应，那表示你已经在让家人学习相互尊重，那将创造崭新的互动关系。你必须做的就是继续将焦点放在自己身上，让自己平静下来，让自己成长。你将会对自己的能力大为吃惊，不只能改变你自己，而且能经得起任何抗拒。一旦你改变了自己，你也会惊讶地看到你的家庭的转变。

难缠的三岁孩子

因为太太要重返职场，史蒂夫一家最近搬迁到另一个州。一家人近来已经经历了很多的变化，家里的每个成员似乎都很紧张，因为每个人都必须适应新的时间表、新的角色和新的工作。一个星期日的晚上，太太必须加班，因此哄三岁的女儿莎拉睡觉的任务就落在史蒂夫身上了。因为过去几周来的改变，要哄她上床一直都很难。

在收拾客厅里的玩具时，莎拉使用了最拿手的拖延战术，假装太累了，撒娇等。凭着极大的决心，史蒂夫克制了发火的冲动。

当莎拉开始撒野的时候，他平静地问："你知道如果你再继续这样的话会发生什么事吗？"他们都知道结果会是关禁闭。史蒂夫给了莎拉清楚的选择，不是收拾玩具就是关禁闭。她继续拖延，史蒂夫则平静地拿出了关禁闭坐的椅子放到她的房间里。莎拉还是继续拖延，而史蒂夫则断然地让她坐到椅子上。莎拉号啕大哭起来，又踢又吼的。史蒂夫提议要坐在她旁边，可是她拒绝了。她坚持不肯收拾玩具，于是史蒂夫又告诉她要进行下一个处分。

这个聪明的孩子知道，她的很多部电影碟片都要被没收一天，所以她跑下椅子，站到电视柜前面，想要保护她的碟片。她摆出一副曲棍球守门员的姿势，试图拦住史蒂夫。在那种情况下，史蒂夫又好气又好笑，但他还是冷静地向莎拉解释，其实她还来得及选择去收拾玩具。在她再度拒绝后，他灵巧地从她身边溜过去，拿走了其中一部电影。

这时候莎拉已经完全歇斯底里了，她抓住碟片，然后扑到沙发上大声吼叫，很显然她是累了，可是仍然拒绝收拾玩具。史蒂夫又清楚地复述了一次她的选择，这次她做了一件不一样的事——她说她想念妈妈了。这时史蒂夫面临了极困难的选择，他可以把这句话看做是针对他的控诉，也可以强迫莎拉服从。相反地，他选择把这一刻当做是与孩子更亲近的机会。

史蒂夫挨着莎拉坐了下来，抱着她，为双方创造了一点情绪空间。莎拉哭了出来，说妈妈不应该在晚上还去上班，天真的太黑了。她想要妈妈回家。史蒂夫听着女儿的倾诉：“妈妈白天要去上班，可是天黑了她就应该要在家了才对。”最近的变化已经让一个三岁的孩子很疲累。

“是呀，我也想念妈妈。今晚她要加班，那没有关系。不过我也是很想念她。”史蒂夫深有同感地说。

两个人继续抱着又过了一会，直到莎拉开始把自己平静下来，擦去泪水。然后史蒂夫提议要跟她分享一份宵夜并一起聊聊妈妈。他问莎拉最想念妈妈什么，莎拉说她喜欢妈妈在家时，睡觉前会“跟我一起躺在床上”。他们快乐地吃着宵夜，史蒂夫同时把闹钟设好，这样就可以提醒他们两人就寝时间。清理客厅的工作，还等着他们去做呢。

当闹钟响起时，莎拉竟主动说要去收拾玩具呢。她收拾书籍时，史蒂夫则是帮她把牙刷准备好并且夸莎拉收拾好了东西。

一躺在床上，莎拉就要求史蒂夫讲故事，然后他讲了一个他最拿手的故事。莎拉的眼皮开始沉重了，史蒂夫也准备要离开，这时一句特别的邀请又把他给拉了回来：“爸爸，你要跟我躺在一

SCREAMFREE PARENTING

如果你能从自己做起，真实地向孩子袒露你的缺陷和需求，那么你的孩子也会认识到，你究竟是谁，到底需要什么。

——爱娃－玛丽亚·楚尔霍斯特

《爱自己，和谁结婚都一样》

起吗？”史蒂夫欣然接受了这个邀请。

他躺着时，莎拉看着他的双眼，说：“我还是很想念妈妈。”

史蒂夫回答说：“我知道，宝贝，我也很想念她。”

然后莎拉以一句我们都渴望听到的话结束了这晚的对话：“爸爸，你可以再靠近一点吗？”他挨近她，并抚摸着她的头发，不一会儿工夫她便入睡了。当史蒂夫离开房间时，他知道自己的努力已经得到了回报。在这场磨人的战斗中，他不仅完全坚持住立场，而且把战场转变成了温馨的场景。他把棘手的事情转变为成长的机会，而且满意地听到了女儿悦耳的话语：“爸爸，你可以再靠近一点吗？”

我们都渴望的改变

史蒂夫听到的那句话是非常有意义的，那正是所有人在人际关系上的渴望。渴望某人真心地请我们再靠近一点，渴望某个人真心实意地想与我们在一起，而不是因为我们的强迫或是央求。

即使在童年时期，你就知道你真正渴望的是什么了——渴望有人爱你。还记得你问过爸爸妈妈，为什么他们会爱你吗？你想确认，他们爱你不是因为血缘关系，而是因为你是天生就值得他们爱。你想确认你的爸爸妈妈是真心实意地爱你。

在这世上，所有人都渴望别人出于自主意志的爱。我们渴望与孩子互信尊重，无需我们强迫或者操控他们。我们也渴望拥有互相尊重与自主平等的爱。我们渴望建立这种崭新的亲子关系。

我坚信，无论你的孩子年龄多大，无论你过去犯了什么错误，你都能与孩子建立这种崭新的关系。

当然，要建立这种关系，你必须先放手，那需要勇气。但是必须对孩子的反应放手，必须对孩子的情绪放手，必须对孩子的选择放手。为了建立这种关系，你必须控制好自己的反应和情绪，你必须作出理智的选择。关键在于，学习承担所有真正属于你的责任。而当你做到了这一点，你就可以改变你的生活。

这一切皆始于一句话

每一场革命，无论规模大小，总是始于一句话。这句话就是：“我并不确定其他人会怎么做，可是这是我打算要做的。”

革命并不是从勇敢地向全天下诏告开始，并不是从一大群人共同的行动开始。彻底的改变，全是从单独个体的坚强意志，安静的声明与悄悄的行动开始。

在参加美国有色人种协进会及人权运动之前，和大多数人一样，罗莎·帕克斯（Rosa Parks）并没有把自己当做一位革命家，她只是一位妻子和一位女裁缝。20 世纪 50 年代美国南方实行严格的种族隔离。曾经有一次，当她被问到关于家乡蒙哥马利郡的氛围时，她回答说事情永远不会改变，因为黑人“永远不会团结”。然而有一天，她却决定不顾黑人软弱的团结力，决定靠自己，去做一件很不一样的事。1955 年 12 月，罗莎·帕克斯下了班之后疲倦地走到公车车站。当公交车停下来时，她跟平常一样从前门上车，付了车费，然后又从公交车上退出来，再从后门——所谓“有色人种”的入口——重新上车。罗莎在第五排，也就是“有色人种”座位区的第一排，找了一个位子坐下来。

沿着行驶路线停靠很多站之后，公交车上的座位慢慢坐满了。在罗莎快要到目的地之前，座位全都坐满了。她坐的第五排，连她在内右边坐着两个非裔美国人，走道另一边也坐了两个人。然后，到了下一站，有个白种人从前门上了车。前面四排已经没有位子(全部都被白种人坐了)，所以这个男人习惯性地走过去坐在第五排。

当时的隔离法明文规定，有色人种不准：一、坐在白种人座位区；二、跟白种人一起坐在“有色人种”座位区；三、隔着中间走道跟白种人坐在同一排。

这意味着，当那位白种人走到已经坐满乘客的第五排想坐下时，根据法律规定，在座的每个黑人都得站起来，站在公交车后面。

这些人当中有三个人站了起来，罗莎·帕克斯很平静地没有动。罗莎并没有要当一位女英雄的意图，她只是不想继续扮演这个模式中的角色罢了。她不想让出位子，而且绝对不会动摇。事后她说她“感觉到决心像一条毯子一样迎面罩住了我”。她并没有大张旗鼓地示威，也没有发表大胆的言论。根据目击证人的说法，她甚至没有摆出一副不悦的神情甚至皱个眉头。她并没有要求其他人因为她的缘故而改变，她只不过是拒绝让座。

当公交车司机告诉她要找警察逮捕她的时候，罗莎·帕克斯以自己的方式说出了那句可以说开启了每一个重大改变的话："那么你就去做你必须做的事情，但我是不会让步的。"

接下来就是辉煌的历史了。她的审讯与判决让一位来自亚特兰大的二十六岁牧师组织了一次为期 361 天的公交车大罢工，导致当地的交通瘫痪，也创造了一场全国的人权运动。一场革命。

要使我们的生活发生改变，永远都是从做一件不一样的事情开始。所有的细小行为累积起来，就会形成一种互动模式。而改变模式唯一的方法，就是将焦点放在你自己扮演的那个角色上，然后做出一些不一样的事。

而这正是罗莎·帕克斯做的。她知道若只是等待别人改变，无论是在当权的白人社会或是在为团结挣扎的黑人社会里，她都处于无助的位置。可是如果她自己，无论有没有其他人的合作，做出不一样的事情，一切都将发生变化。

我们的目标是，终结那些延续数代的具破坏性的关系模式，建立崭新的正面的亲子模式。方法很简单，只需将焦点放在自己身上，让自己平静下来，让自己成长。

"我并不确定其他人会怎么做，可是这是我打算要做的。"

现在一切就看你的了。

成为“零吼叫父母”要反省的问题

1. 听见“改变”这两个字的时候，你想到了什么？

2. 当你开始改变自己时，你可能会遇到什么抗拒？

3. 你想在家中创造什么样的互动关系？请描述每一个关系，为了让关系发生重大改变，你想要如何改变模式？

4. 你想要终止哪一种关系模式？你在那个模式中扮演着什么样的角色？即使没有其他人的合作，你自己也可以改变哪一个模式？

SCREAMFREE PARENTING

附　录

作者博客精彩内容

1. 以对方喜欢的方式与人沟通

所谓交际能力，即能够按照他人心中的自我形象设定去描述他。

——亚伯拉罕·林肯

大多数人都知道，想赢得他人喜爱的好办法之一，就是在和他们说话时带上敬仰的语气。当然，这并不意味着要用虚假的恭维去奉承他人，而是揣摩他们心目中为自己设定的优点，以他们喜欢的方式跟他们沟通。

例如，在和听众交谈时，我总是假设他们聪明、专注、心怀好意。这样，当我指出“对孩子保护过度会使孩子无法独自面对今后的人生”时，我的观点就能使他们普遍认同。

这一原则也适用于其他一切人际关系。当你的孩子带回一张糟糕的成绩单，你应该停几秒，然后尽量平静地说：“哎哟，小伙子，我知道你对此一定失望透顶。”或许这是你最不可能说出口的话，因为你深信孩子根本不在乎自己的学习成绩。尽管如此，你依然要说这句话。同样，当你的爱人迟到了，你应该停几秒，然后说，“谢谢你努力赶过来，下次记得无论时间多紧，路上也要注意安全。”或许你对爱人的时间观念有很多不满，但请你先暂时压制下来……是的，否则你也能猜到结果。

我的意思并不是说永远不要和人起冲突。我们一直在强调“真实的自我表现”，在生活当中尤其如此。但是，你的反应最好以对方的心理设定为依据，而不是仅凭一时冲动。在这样的时刻，你应该从最好的方面去假设对方的意图，并将你的反馈转化成一种改变人际关系的神奇力量。

2. 伸出手，还是伸出拳头？

在握手的时候，你不能把拳头伸给对方。

——果尔达·梅厄

我喜欢梅厄夫人的这句名言，因为你能从两种不同的角度去解读它；而你解读它的方式，能够反映你当前的思维模式。

你是怎么解读的呢？你是否把自己想象成通情达理的一方，愿意向顽固的敌人伸出坦荡荡的手掌？毕竟，你站在正义的一方，不是吗？

你做出了高尚的努力，向吝啬、惹人讨厌、思想僵化的对手伸出了和平之手，你是否也等着对方进行改变？或者，你第一次读到梅厄夫人这句名言时，是从另外一个角度进行解读的：把自己看成了紧握拳头的一方？

是否你的愤怒、痛苦和自以为是的愤慨，让你对人挥拳相向，或在你的内心滚滚翻腾，让你不得安生？你是需要改变的那个人吗？

还有更重要的问题：你所想象的敌方是谁？你的爱人？孩子？同事？老板？父母？兄弟姐妹？政治对手？宗教对头？

3."成为成年人"意味着什么

我们大多数人在成为父母很久之后，仍然是个孩子。

——莱昂内尔·考夫曼

这句话放到我的家庭里，再形象不过。我和珍妮结婚的时候，在内心里还是两个孩子；汉娜降生的那段时间，我每每想到自己还有多幼稚，就忍不住浑身发抖。事实上，当护士说我们可以出院、可以把婴儿带回家时，我感到的不是欣喜，而是惊慌失措。

在此之前，没有任何人或事要求我们长成一对父母。突然之间，世界变得不一样了，而且你感觉自己的一切问题都有了合适的答案。但是，这种心态其实正是小孩子的标志。成为成年人，并不意味着你的一切问题都得到了答案；实际上恰好相反，成为成年人，意味着你有了更好的问题，意味着你能够超越表面的争执，看到隐藏在事物表象之下的核心，意味着你能抛开小孩子脾气（比如小气和噘嘴），拾起属于成年人的耐心和谦卑。

4. 说服还是惩罚?

当一个人做错了事时你能够说服他，那就去做吧，如果行不通就不要勉强。人通常会相信自己看到的东西，所以请展示给他看。

——亨利·大卫·梭罗

我们应该教孩子分辨对错，不是吗？但我认为，在这样做的时候不应该费那么多口舌。当一个牙牙学语的小孩因为愤怒而朝你扔玩具，你只需要说这样做是不对的，然后把玩具拿走即可。你要苦口婆心地说服她朝人扔东西是错误的吗？不需要，因为那本来就是错误的。

当我们的孩子掌握了一部分语言和推理能力时，情况会变得稍微复杂一些，但大原则还是一样的；青春期的孩子在某些行为上越线，我们就感觉需要从言语上说服他们，让他们明白自己的行为是错误的。其实他们不需要被说服，他们自己撞了南墙才能回头。

不要觉得抓狂，就事论事即可。不要尝试说服，让他们自己从苦涩的后果中学会成长。

5. 养育孩子不是为了期待感恩

当我还是一个 14 岁的孩子时，我感觉父亲好蠢，我简直不能忍受和这个老家伙待在一起；但是，当我长到 21 岁，我觉得父亲在这 7 年里的长进太惊人了。

——马克·吐温

这是一句流传甚广的名言，被青春期孩子折磨得痛苦不堪的父母们无数次地提起它。事实上，这位美国最受尊重的作家在 150 年前就说出了我们现在的感受：青春期孩子不尊重父母；无论多么努力，我们就是无法将自己的智慧灌输到青春期孩子的脑子里；我们不仅失去了对青春期孩子的影响力，我们还在失去青春期孩子本身。但是，无论这句话是不是马克·吐温说的，我们在引用它的时候都应该小心。如果我们振作起来，告诉自己并不是孤军奋战，我们并不是第一批遭受青春期孩子折磨的父母，事情就会好多了。你要想尽一切办法，让自己保持清醒、克制和冷静。

如果我们拿马克·吐温这句话安慰自己，巴望着终有一天自己的孩子会回归理智，承认我们的一切牺牲和智慧，向我们表示感恩，那么很遗憾，你还是醒醒吧。伟大的父母不会期待孩子们的感恩，承认父母的功劳，也从来都不是孩子的义务。孩子要做的，是利用一切智慧和指导，走向自己光明的未来；我们父母要做的，就是为他们提供最好的帮助。哪怕我们不会因此得到任何的感激。

6.“大人样儿”是什么样

你只能当一次孩子，但你能永远不成熟。

——戴夫·巴里

哎哟！反正我是被这句话给击中了。尽管我的年龄比我的孩子大得多，但行为却不一定更成熟。我只是比他们伪装得更巧妙一些。当我们面临火冒三丈的时刻，最重要的事情就是冷静下来，在心里告诉自己：我是长辈，我要表现得有个大人样。

我们作为成年人，言行不需要讨孩子的喜欢。无论孩子们的感受如何，我们要为了他们的利益而行动。要知道，我们为了抚养孩子所做的一切，并不是为了得到他们的感恩。当我们向他们寻求感恩时，实际上就表现得和孩子一样不成熟。不管你怎么看，这都不是什么光彩的事情。

7. 孩子“听话”是我们的目标吗?

曾经我们对孩子的唯一希望就是他们“听话”；但现在恰好相反，我们唯一不想要的就是他们“听话”。

——阿纳托尔·布鲁瓦亚尔

我讨厌这句名言。它不仅有事实性错误，而且字里行间体现出的极端心态非常不成熟。之所以把这句话摆在这里，是因为很不幸，它反映了某些育儿专家的普遍观点。他们或许是好意，但未必做了好事。这种观点可以有两种解释：第一，过去的教育比现在好多了；第二，好的教育归根结底就是教孩子“听话”。

上一代的教育比这一代好，纯粹是幻觉。这种观点源自我们的怀旧情绪，塑造回忆的更多是当前所经历的痛苦，而不是事实。古老的文献再三强调教育是一件苦差事，父母们总是苦于如何保持对孩子的权威性影响和独裁控制，历史上这样的案例比比皆是。控制欲太强的父母，要么把孩子逼上了彻底的叛逆，要么把他们变成了没有任何主见的成年人。

一切的关键在于，我们不应该要求孩子“听话”，而是要让孩子为进入社会做好准备。

有时候，这意味着我们要指导孩子行动，因为我们知道什么对他们最好；这更意味着我们要指出孩子有哪些选择以及没有哪些选择，然后鼓励他们自己思考、选择、行动，并反思结果。这样，最理想的“听话”就诞生了，那就是听从智慧的指引。

8. 引导孩子主导自己的行为

教会你的孩子自我管理……这样你就能免受日后他们的胡作非为带来的烦恼。

——本杰明·富兰克林

我发现，很少有事情比父母尝试主导孩子的行为更加有害。最近我在为几对父母提供咨询服务，他们抱怨说自己要想尽办法才能把他们的孩子叫醒，起床穿衣服，然后去上学。那些孩子可都是高中生了！

“我尝试了很多种不同的闹钟。”“我尝试了好几种上床睡觉的时间规定。”“我尝试做一些更美味的早餐，希望这些能让他从被窝里钻出来……”

当然，我肯定不能一直保持沉默：“他自己尝试了什么呢？”

“啥？”

“你们都说了自己尝试了多少种办法让孩子起床。那么你们的孩子尝试了什么办法让自己起床呢？起床到底是谁的问题？他请求了你们的帮助吗？你们会请求孩子来叫你们起床吗？”

我们要做的不是主导他们的行为，而是引导他们主导自己的行为。

9. 任何时候都有消除痛苦的力量

如果外部事物让你觉得痛苦，让你痛苦的并不是事物本身，而是你对它的看法；因此任何时候你都有消除那种痛苦的力量。

——马可·奥利里乌斯

通常来说，我们对事件或对话的理解，给我们带来了痛苦。思考一下：别人家的孩子来你家做客，共进晚餐，由于他们聊得过于投入，饭菜都冷了还没人动刀叉，于是你会半开玩笑地提醒他们。但是，如果换成你自己的孩子这样做，会怎样？突然之间，事情的意义就发生了变化。这意味着你的孩子不尊重你，他们很懒，而你没有尽到教育孩子的义务。

如果你能把自己从这种思维模式中抽离出来，你就能看到孩子的优点，而不是紧盯着他们的缺点。

事实上，你是在给自己一次选择的机会。在矛盾最激烈的时候，你可以深呼吸一次，然后决定你允许这件事对自己造成多大的影响，然后你就有回天之力了。

10. 纪律之美

没有纪律，就谈不上生活。

——凯瑟琳·赫本

女儿还在上高中时，我们取消了所有的规矩。想来也不得不如此：她大多数时间待在学校里，我们对她的日常生活没有太多了解。

这意味着，她需要自己决定可以做什么以及要拒绝什么。这是对我们所有人生活的一次调整。看得出来，有时候，她其实很想让我们给她一点建议。

“我今天晚上需要几点钟回家，爸爸？”

“你要几点钟回家？这要看你了，孩子。”

“好吧，我才 17 岁，而佐治亚州有宵禁。”

“所以……”

“所以……我想我得在 12 点前到家。”

“听上去不错。你启程回家时记得发条短信给我。”

现在，她已经上大学了。我对她在学校的自律力非常有信心，因为她已经充分练习过了。

11. 为成功而装扮

自尊是自律的结果；一个人的尊严，会随着他对自己说“不”的能力而增长。

——亚伯拉罕·赫舍尔

记得你三岁的小女儿第一次打扮自己时的样子吗？她在衣橱里捣鼓了好几个小时，最终带着可怕的装扮出现在你面前。

当然，内心里你一万个不愿意把这个小怪物带到公众场合，但另一方面，你又不能忽视她脸上洋溢的自豪——那种自豪，是那些能在世界上占据独特地位的人才有的。

如果她拥有了自主权，可以对自己的这种行为说“行”；她就有能力对其它没用的需求说“不行”。这不会马上发生，但在她学会了自尊之后，她就会逐渐变得自律。

SCREAMFREE PARENTING

五星级读者热评

蓝天大海森　强烈推荐阅读

能做到对孩子零吼叫其实很难，但如果对自己事事严要求的话，或许会有改变，俗话说己所不欲，勿施于人。

强烈推荐有孩子的父母认真读此书。

妞儿妈　好妈妈不见得非要很严厉

我曾是一名幼教老师，因为天生脾气好又爱孩子，所以从未对自己的学生发过火，但我带的所有班的孩子却出奇地懂事，其实孩子都是懂得爱懂得回报的，孩子能感受到我们爱他的时候，就会信任我们愿意与我们分享他的一切，就会努力让我们高兴，其实他们也喜欢看我们开心的样子。

现在我自己也生了宝宝，我从来没吼过她，对她也没有过负面情绪，有的老人担心我对孩子太温柔、不严厉会把孩子惯坏了，随着孩子越来越大想法也越来越多，不知今后的育儿路上会遇到什么让我措手不及的事情，所以我买了这本书作为自己坚强的后盾，希望能对老人有所影响，也能时刻给自己的教育方式提供信心，坚定信念。

小不点儿乎　孩子是家长的镜子

孩子就是一面镜子，你冲他吼，表面似乎压制住了，但积攒起来，没准哪天他就会对你爆发，我想说好父母养出100%的好孩子，不要总找各种借口，因为教养孩子是我们所有父母应尽的责任和义务，我们都要努力做好。

笑嘻嘻　为《零吼叫》点120个赞

在返京的列车、地铁上，断断续续读完小巫推荐的《零吼叫养出好孩子》。小巫推荐的书总是在可读性和思想性方面均为上乘。在车站候车时，读到书中那个妈妈教育孩子吃蔬菜的段落，“噗哧”一下乐出了声，连忙正色并偷瞟周围有无异样的眼光。再看，又忍不住“咯咯”地笑了两声……

Xinxi　克制自己、提醒自己

非常好，我觉得看了很受启发，以前我很爱发脾气，孩子也很拗，老师也提到这一点，但是有一天我意识到应该从自身做起之后，我有意识克制自己的情绪，开始会比较难，坚持了一段时间，我觉得不发脾气也不是件难事，更重要的是，我发现孩子真的变了，连老师也对我说："这一段时间不知道怎么了，你孩子变得很乖，也很爱学习了。"听了这话，我心里甜得很，我要坚持下去。

好想睡觉　调整自己与孩子共成长

我以往在管教孩子的时候，会控制不住就吼叫起来，孩子慢慢的也受感染，有事情就又嚷又叫。自己一直决心要改，可是总是又犯。现在知道有很多家长也和我一样，安慰很多，按照书里的理念和方法，开始慢慢调整自己的心态，已经小有成效，和孩子沟通也更顺畅了。

书中说的"成长很困难，特别是对家长而言"，真的是这样。现在我在看这本书，给孩子的信号就是"妈妈不只是要求你提高自己，改正缺点，妈妈也在调整自己，不断进步"。所以孩子看到了，她自己也有所变化。希望能越来越好。

米菲　我的几点阅读心得

在孩子的教育上，总感觉自己的方法欠缺，有时是真的不知道该怎么办，有时是确实太没有耐性。

通过对这本书的阅读，我有了以下几点心得。

1. 给你我一个空间：在孩子生气或是我生气的时候多一些耐心，多给自己和孩子一点考虑的时间。

2. 同理心：要尊重对方的感觉，哪怕那时没有感同身受，也要用语言告诉孩子，我理解你的感受。

3. 爱自己：作为子女或者父母，首先是要爱自己，爱自己必然孩子也会爱你，爱自己也在将来不会给孩子太大负担。

雨夜小筑　用生活中的例子来讲道理，很有参考价值

国外谈教育总是以生活中的或是最细小寻常的例子来说明一些道理，自然而然地和作者一起进入他的生活，看完之后觉得他们的道理已经摆在那里了，无需去讲一大串专业术语，然后再对照我们自己，更觉得这道理已讲得那么透彻明了。这是我爱看国外很多好的家教书的主要原因。

这本书也同样如此。只是觉得一位风趣的爸爸在讲述着自己的经历、做法，很有参考价值。好多时候看了忍俊不止哦，我把其中爸爸忍不住在松饼店门口戴着店里送的小帽对着“很不合作”的宝贝大发怒气的一段读给我妈和我儿子听，他们都乐得哈哈大笑，也有继续读这本书的愿望呢。

anly2　这本书非常值得一读

看了这本书，有两点收获：

1. 父母是孩子的榜样，你的一言一行都会影响到孩子，所以当他不顺你意的时候，你先冷静一下，是不是必须要坚持让他按你的方式来做事，如果必须，你可以坚持并肯定地告诉他不可以这样做，并告诉他理由。否则就可以按他的方式来做事；

2. 原来不发怒可以更好地解决问题。儿子在2岁以后脾气初长成，在慢慢摸索中越来越觉得力不从心，经常对他发火，可是到最后我发现他的脾气也变得越来越暴躁。事情变得非同小可了。当我学着用书中的方法站在孩子的角度看问题的时候，发现我越来越理解他的想法了，也会给一些答案让他选择，无形之中，他学会了自己做决定，也得到了尊重，越来越讲道理了。

前一行一者　怨恨还是成长 取决于自己的选择

相信买这本书的人多半是如我般有过吼叫史的父母们！

我对天发誓，我爱我的孩子胜过一切！矛盾的是，我居然又不能为了孩子而放弃生气，放弃吼叫！真是讽刺！我相信，很多父母，如我，都在爱与吼叫的边缘挣扎。

其实，这就是个选择的问题。你愿意买这本书读，说明你想找到解决吼叫这个坏毛病的方法，说明你还是很想成为一个不断进步的好父母。

是的，我从书中找到了一个非常令我感动的故事。故事中的主人翁爸爸在可以选择苛刻与怨恨时，他选择了成长。是啊，每一次在面对孩子教育的考验上，我们可以选择吼叫或者生气，我们也可以选择成长！

因为我爱孩子，所以我要不断地去成长！

感慨作者是位好爸爸，他的孩子们真幸福，我也要努力让我的孩子幸福！

90882　值得一读再读

我很重视孩子的教育，所以看了很多相关的书籍，直到看到这本书，我才更清晰地知道自己该怎样做一个好母亲，它让我正视了自己原来的情绪问题，还让我学会了怎样控制自己的小恶魔，不让她出来继续影响我的孩子。

这本书我不是看完一遍就算的那种，它放在我家卫生间里，卫生间是一个可以让全职妈妈安静独立的地方。我隔三差五就会拿来看看里面的一些章节，从而警示自己不可以急躁，面对着淘气的两岁儿子，真的让我非常抓狂，他很聪明也相当“反叛”，我们既要管教又要保证不伤害到他的自尊、自由和独立等等一大堆的好性格，真的烦恼不已，所以我要常常看，才能让自己把孩子的事情控制得更好。

Icewu　好书是有力量的

看了这本书后没几天，宝宝评价说，妈妈，你好像最近不怎么凶我了！

好书的力量啊！

昨晚上聊天，她说，她班上有个同学，整天愁眉苦脸的，妈妈每天凶他，我今天就把这本书让她带到学校，借给她同学的妈妈，希望能帮助这个整天愁眉苦脸的孩子的妈妈！

李小姐　我很欣赏，是一本超级好的书！

我是一个 6 岁小孩的母亲，对于平时繁忙无比的家务或者是工作，心情不时就会来一次大起大落，因此，每当看到我那个调皮的儿子又惹祸，忍不住就要发火，轻则说他几句，重则大声训斥，个别时候还会动起手来，反思起来，的确对孩子造成一定的伤害。一直苦于不知道如何才能教养出一个听话的好孩子，直到看到了这本书才发现，其实需要学习的是自己，应该成长的是自己。我之所以写这么长的评论，是希望每一位平时喜欢对着孩子大吼大叫、手足无措的家长能看看这本书，尝试改变一下自己。孩子们一定会更健康快乐地成长，也会更有出息的。

随缘　零吼叫，不仅适用于亲子关系

朋友推荐我阅读这本书，花了两天的时间读完了这本书，尽管这是一本告诉人们如何改善亲子关系的书，但是读完以后，你会发现在对待任何人际关系的处理上，零吼叫都将是行之有效的。

中资海派出品

为精英阅读而努力

海派·鲍勃猫精选绘本

名家名作，好评无数，用最好的书滋养最美的童年！

小亚当 饱含奇思妙想的诗意童话
充满艺术气息的生态反思之作

卡车陷进坑里啦 一个欢乐的故事启动了一辆大卡车
凭借简单的韵律驶出了令人惊叹的里程数
滑稽的油画色调为卡车加足了马力

小火车的一天 重叠的拟声词 让宝贝一口气从头读到尾；
每个宝宝都可导演的“玩具总动员”
开启幻想中的精彩旅程

小拖船来帮忙 浴缸中的大冒险 溅起朵朵浪花
笑眯眯的小拖船 跑来跑去忙不停
帮助，就是这么快乐、满足的事！

“iHappy 书友会”会员申请表

姓　名（以身份证为准）：______________；性　别：______________；

年　龄：______________；职　业：______________；

手机号码：______________；E-mail：______________；

邮寄地址：______________；邮政编码：______________；

微信账号：______________（选填）

请严格按上述格式将相关信息发邮件至中资海派“iHappy 书友会”会员服务部。

邮　箱：zzhpHYFW@126.com

微信联系方式：请扫描二维码或查找 zzhpszpublishing 关注“中资海派图书”

<table>
<tr><td rowspan="9">优惠订购</td><td>订阅人</td><td></td><td>部门</td><td></td><td>单位名称</td><td></td></tr>
<tr><td>地址</td><td colspan="5"></td></tr>
<tr><td>电话</td><td colspan="3"></td><td>传真</td><td></td></tr>
<tr><td>电子邮箱</td><td></td><td>公司网址</td><td></td><td>邮编</td><td></td></tr>
<tr><td>订购书目</td><td colspan="5"></td></tr>
<tr><td rowspan="2">付款方式</td><td>邮局汇款</td><td colspan="4">中资海派商务管理（深圳）有限公司
中国深圳银湖路中国脑库 A 栋四楼　邮编：518029</td></tr>
<tr><td>银行电汇或转账</td><td colspan="4">户　名：桂林
开户行：交通银行深圳红荔支行
账　号：6222 6013 1000 6765 820</td></tr>
<tr><td>附注</td><td colspan="5">1. 请将订阅单连同汇款单影印件传真或邮寄，以凭办理。
2. 订阅单请用正楷填写清楚，以便以最快方式送达。
3. 咨询热线：0755−25970306转158、168　传　真：0755−25970309
E-mail: szmiss@126.com</td></tr>
</table>

→利用本订购单订购一律享受九折特价优惠。

→团购 30 本以上八五折优惠。